LUZ MEDITERRÂNEA
E OUTROS POEMAS

LUZ MEDITERRÂNEA E OUTROS POEMAS

Raul de Leoni

Introdução, organização e fixação de texto
SÉRGIO ALCIDES

Martins Fontes
São Paulo 2001

Copyright © 2001, Livraria Martins Fontes Editora Ltda.,
São Paulo, para a presente edição.

1ª edição
dezembro de 2001

Introdução, organização e fixação de texto
SÉRGIO ALCIDES

Revisão gráfica
Renato da Rocha Carlos
Lilian Jenkino
Produção gráfica
Geraldo Alves
Paginação/Fotolitos
Studio 3 Desenvolvimento Editorial

Dados Internacionais de Catalogação na Publicação (CIP)
(Câmara Brasileira do Livro, SP, Brasil)

Leoni, Raul de, 1895-1926.
 Luz mediterrânea e outros poemas / Raul de Leoni ; introdução, organização e fixação de texto Sérgio Alcides. – São Paulo : Martins Fontes, 2001. – (Coleção poetas do Brasil)

 ISBN 85-336-1496-9

 1. Leoni, Raul de, 1895-1926 – Crítica e interpretação 2. Poesia brasileira I. Alcides, Sérgio. II. Título. III. Série.

01-5287	CDD-869.91

Índices para catálogo sistemático:
1. Poesia : Literatura brasileira   869.91

Todos os direitos desta edição reservados à
Livraria Martins Fontes Editora Ltda.
Rua Conselheiro Ramalho, 330/340 01325-000 São Paulo SP Brasil
Tel. (11) 3241.3677 Fax (11) 3105.6867
e-mail: info@martinsfontes.com.br http://www.martinsfontes.com.br

Coleção "POETAS DO BRASIL"

Vol. XII – Raul de Leoni

Esta coleção tem como finalidade repor ao alcance do leitor as obras dos autores mais representativos da história da poesia brasileira. Tendo como base as edições mais reconhecidas, este trabalho conta com a colaboração de especialistas e pesquisadores no campo da literatura brasileira, a cujo encargo ficam os estudos introdutórios e o acompanhamento das edições, bem como as sugestões de caráter documental e iconográfico.

Sérgio Alcides, que preparou este volume, é mestre em História Social da Cultura pela PUC-RJ e tem se dedicado à história da literatura. Sua dissertação de mestrado sobre a obra poética de Cláudio Manuel da Costa recebeu em 1998 o Prêmio Minas de Cultura e o Prêmio Cidade de Recife. Foi professor da Universidade Federal de Ouro Preto (UFOP) e da Universidade Estadual de Ponta Grossa (UEPG). Atualmente, cursa doutorado em História Social na USP, tendo sido bolsista da Fundação Vitae. Publicou dois livros de poesia – *Nada a ver com a lua* (Rio de Janeiro: Sette Letras, 1996) e *O ar das cidades*

(São Paulo: Nankin, 2000) – e traduziu do catalão, com Ronald Polito, o livro *Poemas civis*, de Joan Brossa (Rio de Janeiro: Sette Letras, 1998).

Coordenador da coleção: Haquira Osakabe, doutor em Letras pela Unicamp, é professor de Literatura Portuguesa no Departamento de Teoria Literária daquela mesma Universidade.

VOLUMES JÁ PUBLICADOS:

Cruz e Sousa – *Missal/Broquéis*.
Edição preparada por Ivan Teixeira.

Augusto dos Anjos – *Eu e Outras Poesias*.
Edição preparada por A. Arnoni Prado.

Álvares de Azevedo – *Lira dos Vinte Anos*.
Edição preparada por Maria Lúcia dal Farra.

Olavo Bilac – *Poesias*.
Edição preparada por Ivan Teixeira.

José de Anchieta – *Poemas*.
Edição preparada por Eduardo de A. Navarro.

Luiz Gama – *Primeiras Trovas Burlescas*.
Edição preparada por Ligia F. Ferreira.

Gonçalves Dias – *Poesia Indianista*.
Edição preparada por Márcia Lígia Guidin.

Castro Alves – *Espumas Flutuantes & Os Escravos*.
Edição preparada por Luiz Dantas e Pablo Simpson.

Santa Rita Durão – *Caramuru*.
Edição preparada por Ronald Polito.

Gonçalves Dias – *Cantos*.
Edição preparada por Cilaine Alves Cunha.

Diversos – *Poesias da Pacotilha*.

Raul de Leoni – *Luz Mediterrânea e Outros Poemas*.
Edição preparada por Sérgio Alcides.

ÍNDICE

Introdução.. XI
Bibliografia do autor................................ XCV
Bibliografia crítica................................... XCVII
Cronologia.. CI
Nota à presente edição........................... CIX

LUZ MEDITERRÂNEA E OUTROS POEMAS

LUZ MEDITERRÂNEA

Pórtico.. 5
Florença... 11
Maquiavélico... 15
Noturno.. 16
História de uma alma............................... 20
   I. Adolescência................................... 20
   II. Mefisto... 21
   III. Confusão...................................... 22
   IV. Serenidade................................... 23
Felicidade.. 24
   I. "Sombra do nosso Sonho sonhado e vão!"... 24
   II. "Basta saberes que és feliz, e então".. 25

Crepuscular	26
História antiga.	27
Artista	28
Ingratidão	29
Torre morta do ocaso	30
Melancolia	31
E o poeta falou...	33
Sátira	35
A hora cinzenta...	37
Prudência	38
Aos que sonham	39
Pudor	40
Unidade	41
Legenda dos dias	42
Instinto	43
Platônico...	44
Imaginação	45
Sinceridade	46
Árvore de Natal	48
Força maldita	50
Vivendo...	51
Canção de todos	52
Superstição?	57
A alma das cousas somos nós...	59
Para a vertigem!	61
Do meu Evangelho	62
Gaia ciência	65
Exortação	67
Egocentrismo	68
Sabedoria	69
...Et omnia vanitas...	70
Ironia!	71
A última canção do homem...	72
Diálogo final	73

ÚLTIMOS POEMAS

Eugenia 77
Cristianismo 78
Decadência 79
"Almas desoladoramente frias" 80
"Ao menos uma vez em toda a vida" 81
De um fantasma 83
Síntese 85
Transubstanciação 87
Duas histórias… 88

PRIMEIROS POEMAS

"Cala a boca, memória!" 93
"Sei de tudo o que existe pelo mundo" 94
"Maio. Sol de Saint-Loup" 95
Desconfiando 96
Ciganos 97
No palco das conveniências 100
O absurdo do desejo 101
Dolmens 102
Castelo antigo 103
Minha glória 104
"Tudo que a velha natureza gera" 105

ODE A UM POETA MORTO

Ode a um poeta morto 109

DIÁRIO DO ESPÍRITO

Nota 121
Do jogo 122

APÊNDICE 1 – FRAGMENTOS

"Desalento por todo este Abandono..." 129
"A minha mocidade refloresce" 130
"Aqui tudo é virtuoso e feliz sem saber..." 131
"Tua alma é tão leve, tua alma é tão fina" 132
"Arte antiga, arte moderna" 133
"Tudo passou... quase insensivelmente" 134
"O Nazareno voltou à Terra, depois de quatro séculos de Cristianismo" 135

APÊNDICE 2 – ELEGIA PARA RAUL DE LEONI

Elegia para Raul de Leoni em Trieste, de Ribeiro Couto 139

Documentação e iconografia 141

INTRODUÇÃO

"Desmanchando um colar de reticências..."

Luz mediterrânea é um enigma da literatura brasileira no século XX. Foi publicado em 1922, mas não era modernista. O autor, Raul de Leoni, não deixou outra obra. Morreu em 1926, de tuberculose, em tempos de culto ao corpo e amor ao esporte. Ainda assim, seu único livro foi um dos mais lidos e reeditados da nossa poesia.

Seus poemas veiculam com toda a elegância um ideal clássico de harmonia e beleza, iluminado pela claridade das civilizações antigas. Seu espírito calculadamente aristocrático parece que paira muito acima das turbulências do mundo presente, para o qual volta as costas com magnânimo desdém. Ao movimento das ruas, prefere contemplar as ruínas do passado, numa postura de meditação alegre e resignada diante da fatalidade da decadência e da vaidade dos esforços humanos. Desiludido da razão, ele se volta para as forças instintivas do ser humano e para a vida intensa dos sentidos. Uma leve ironia tempera seus versos, medidos com decoro e naturalidade, quase tão espontâneos quanto a fala – mas a fala em tom baixo, compassado e sereno, que não se confunde com o entusiasmo gesticulante dos condoreiros nem com os altos brados de exaltação dos contestadores.

Em tudo o livro contrasta com o ambiente cultural e político em que se deu o seu lançamento, no inverno carioca de 1922. As primeiras resenhas começaram a aparecer na imprensa em julho, em meio ao noticiário de crise na sucessão presidencial, alta do custo de vida e ameaça de greves. Mais não se dizia por causa da censura. O Rio de Janeiro, capital da República, vivia os dias de tensão e repressão que se seguiram ao massacre dos tenentes rebelados no episódio dos 18 do Forte. Eram tempos de engajamento, sob todos os aspectos. À esquerda, fundava-se o Partido Comunista do Brasil; à direita, os intelectuais católicos organizavam o Centro Dom Vital. E nos meios literários e artísticos se iam formando as fileiras a favor ou contra os jovens irreverentes e revolucionários que atormentavam o Parnaso nacional desde o ano anterior; em fevereiro, na cidade de São Paulo, eles tinham provocado escândalo com a Semana de Arte Moderna.

A poesia da *Luz mediterrânea* fazia ouvidos moucos a todo esse barulho e desfilava imperturbável entre mortos e feridos. Já no seu "Pórtico", o poema de abertura, ouve-se uma voz estrangeira, imune ao sol forte dos trópicos e infensa ao catolicismo dominante:

> Alma de origem ática, pagã,
> Nascida sob aquele firmamento
> Que azulou as divinas epopéias,
> Sou irmão de Epicuro e de Renan,
> Tenho o prazer sutil do pensamento
> E a serena elegância das idéias...

Nesse limiar, o poeta convida o leitor a conhecer – não as suas confissões, nem os seus amores, como mandava a rotina – e sim o seu "pensamento livre", que compara a "uma cidade grega decadente / do tempo de Luciano". É a "cidade da Ironia e da Beleza", que "fica na dobra azul de um golfo pensativo / (...) onde se espelha, em refrações distantes, / o vulto panorâmico de Atenas".

E assim se mantém até o final do livro, com poucos intervalos, o acento filosofante e superior, fiel ao programa de "ironia e piedade" à moda de Anatole France. Propunha-se uma poética de "emoção filosófica" num meio saturado de subjetivismo e confessionalismo, acostumado a conceber a poesia como "linguagem ornada". E, se a literatura era então definida como "o sorriso da sociedade" (na formulação de um dos sábios da época, o Dr. Afrânio Peixoto), *Luz mediterrânea* se limitava a um sorriso irônico e indulgente.

Mas o autor não era nenhum excêntrico, que vivesse alheio ao cotidiano, fechado em seu gabinete de erudito. Raul de Leoni estava surpreendentemente perto dos acontecimentos. Tinha apenas 26 anos e vinha da alta burguesia fluminense, filho de um ministro do Supremo Tribunal Federal. Sua família vivia sob a proteção do maior chefe político do Estado do Rio de Janeiro, seu padrinho de crisma, Nilo Peçanha – candidato derrotado nas últimas eleições à Presidência da República. E entre seus amigos mais chegados contavam-se alguns dos principais artífices do modernismo, como Di Cavalcanti e Sérgio Buarque de Holanda. Vistoso e atlético, ele era assunto freqüente das páginas sociais de revistas ilustradas de grande circulação, como a *Fon-fon* e a *Revista da Semana*, que também publicavam seus poemas e seus artigos sobre temas graves de política internacional e pensamento contemporâneo.

Mas esse distinto representante da *jeunesse dorée* do Rio de Janeiro, tão brilhante e ativo como figura social, jornalista e boêmio, era como poeta um "cético risonho" ["Do meu evangelho"], que assistia de longe às convulsões da Primeira República e também às da velha República das Letras. Seu livro teve uma recepção ao mesmo tempo consagradora e paralisante: era, de saída, um clássico, e portanto estava fora de combate. Os aplausos foram unânimes, entre "passadistas" e "futuristas", à direita e à esquerda. No entanto, o mais sagaz de seus primeiros críticos, Tristão de Ataíde (Alceu Amoroso Lima), não deixou de notar: "Hoje, parecerá, talvez, um livro de ontem."[1]

---

1. Tristão de Ataíde (Alceu Amoroso Lima). "Estudos 1923, VII". In: A. A. Lima. *Estudos literários*. Rio de Janeiro: Aguillar, 1966, p. 803; resenha originalmente publicada em 1º de abril de 1923.

Especulava-se muito sobre os rumos que Raul de Leoni daria à sua poesia num segundo livro. A polarização dos embates literários aumentava mais e mais, e as abstenções não seriam toleradas por muito tempo. Mas as expectativas foram frustradas pela tuberculose: meses depois do lançamento de *Luz mediterrânea*, o jovem poeta manifestou os primeiros sintomas da doença. Em princípios de 1923 já estava retirado em Itaipava, na Serra dos Órgãos. Raul de Leoni morreu em 21 de novembro de 1926, aos 31 anos, vítima de um mal que embelezara algumas vidas de poetas do passado, mas que nada tinha a ver com o espírito cosmopolita e desportivo do seu tempo. Na morte como na poesia, parecia condenado ao anacronismo.

O surpreendente é que nem o desaparecimento precoce do poeta, nem sua afetação aristocrática, nem mesmo a inatualidade de sua poética, nada enfim impediu que *Luz mediterrânea* se tornasse um dos livros de poesia mais lidos e reeditados no Brasil do século XX. Em meados da década de 1960, quando finalmente começou a dar mostras de cansaço, já tinha chegado à 12ª edição. É uma carreira editorial invejável num país iletrado. Poetas que foram espantosamente populares nas primeiras décadas do século, como Vicente de Carvalho, Hermes Fontes e Olegário Mariano, submergiam no esquecimento do público, enquanto a Editora Martins continuava a reimprimir Raul de Leoni a cada dois ou três anos. Só Olavo Bilac e Augusto dos Anjos tiveram um fôlego comparável, dentre as sensações da nossa poesia de princípios do século.

Curiosamente, antes de recobrar as forças, o livro atravessou um período de eclipse. A segunda edição só saiu dois anos depois da morte do autor. Vinha com o selo do Anuário do Brasil, prestigioso, sem dúvida, mas sem grande força comercial. O organizador foi Rodrigo Melo Franco de Andrade, que acrescentou ao volume a "Ode a um poeta morto", publicada originalmente em 1919, e cinco poemas inéditos, além de um primoroso prefácio. Foi a base para as reedições seguintes, mas o livro só voltaria às prateleiras em 1940, pela Civilização Brasileira. Em 1946 saiu a quarta edição, já pela Martins, que tornaria a imprimir o livro mais oito vezes, até 1968.

Quando apareceu a quinta edição, em 1948, Sérgio Milliet já notava "a curiosa fidelidade do público a uma poesia que nada tem de particularmente acessível"[2]. Três anos depois, dizia Manuel Bandeira: "Ninguém poderia suspeitar (...) que esse poeta tão requintado no fundo e na forma (...) se tornaria um favorito do grande público; que as suas edições se sucederiam a curtos intervalos, o que é certamente o sinal mais seguro da consagração *post mortem*."[3] Comemoravam-se os 25 anos de morte de Raul de Leoni, e já estava para sair a sétima edição de *Luz medi-*

---

2. Sérgio Milliet. "6 de abril". In: S. Milliet. *Diário crítico*. São Paulo: Martins/Edusp, vol. 6, 1981, p. 69; resenha publicada originalmente em 6 de abril de 1948.

3. Manuel Bandeira. "Raul de Leoni" (oração pronunciada na Academia Brasileira de Letras). In: Manuel Bandeira. *De poetas e de poesia*. Rio de Janeiro: MEC, 1954, p. 93.

terrânea. O enigma também impressionou a Carlos Drummond de Andrade; ele se espantava ainda mais porque o nome de Raul de Leoni era raramente mencionado nos suplementos literários do país: "Como Augusto dos Anjos, esse poeta é procurado diretamente pelo público, nenhum deles tendo sido, porém, poeta de feitio popular. A arte de Raul de Leoni é, mesmo, o contrário da facilidade."[4]

1

Raul de Leoni Ramos nasceu a 30 de outubro de 1895, em Petrópolis, então capital do Estado do Rio de Janeiro. Era filho do jurista baiano Carolino de Leoni Ramos, deputado estadual, e de D. Augusta Villaboim de Leoni Ramos. Tinha dois irmãos mais velhos, Pedro e Maria Augusta. Passou a primeira infância no ambiente seguro e provinciano da elite política fluminense, que desde a Revolta da Armada, em 1891, refugiara-se nos bons ares da cidade imperial, na tranqüila Serra dos Órgãos. A casa era freqüentada por alguns dos maiores líderes do Estado, sobretudo pelos mais jovens e promissores, como

---

4. Carlos Drummond de Andrade. "Alma de origem ática, pagã..." Reportagem não-assinada publicada no *Correio da Manhã* de 17 de novembro de 1951; o mesmo texto, com pequenas alterações, saiu em dezembro de 1957 na revista *Leitura* 6, vol. XV, sob o pseudônimo de Antônio Crispim.

Alberto Torres e Nilo Peçanha. A família abastada, a gravidade dos adultos e o cuidado dos empregados não contrastavam com a atmosfera geral das famílias burguesas da época, nas quais vigorava uma atmosfera ao mesmo tempo rígida e aconchegante, que preservava as crianças de qualquer instabilidade exterior.

Eram tempos difíceis para uma ex-província que ainda não conseguira adaptar-se ao fim do trabalho escravo e à mudança do regime em 1889. As duas atividades econômicas predominantes, o café do Vale do Paraíba e o açúcar do norte fluminense, estavam em crise. A antiga capital serrana era o ponto de encontro das frustrações oligárquicas de ambas as partes. A primazia do Rio de Janeiro no cenário nacional era coisa do passado; agora, São Paulo e Minas Gerais é que disputavam a dianteira. Alguns senhores não disfarçavam a nostalgia do jugo monárquico, e muitos ainda ostentavam orgulhosamente seus títulos de nobreza. Falava-se em decadência e idealizava-se um passado de esplendor cujos reflexos ainda seriam visíveis nas próprias ruas de Petrópolis, com seus palácios, mansões e monumentos, e na polidez da "boa sociedade", cultivada e elegante.

O pai de Raul de Leoni era ligado ao grupo de políticos mais dinâmico, que já foi chamado de "núcleo reformista"[5]. Na maioria, eram bacha-

---

5. Marieta de Moraes Ferreira. *Em busca da idade de ouro. As elites políticas fluminenses na Primeira República (1889-1930)*. Rio de Janeiro: Ed. UFRJ/Tempo Brasileiro, 1994, pp. 58-61.

réis em Direito, de mentalidade cosmopolita e liberal, que pretendiam tirar o Estado de sua atual letargia, mas não deixavam de estar ligados a poderosas facções oligárquicas em disputa pelo poder. A chegada de Alberto Torres à Presidência do Rio, em 1898, levou o Dr. Leoni Ramos ao cargo de chefe de polícia estadual, num momento delicado, de ruptura com os setores mais retrógrados, no campo, e princípios de industrialização e inquietação operária, em cidades como Niterói, Campos e mesmo Petrópolis. Mais tarde, em 1903, os vínculos do jurista com o Governo levariam sua família a transferir-se para Niterói, que tornava a ser a capital estadual. Era o início da escalada política de Nilo Peçanha, que se elegia presidente do Rio pela primeira vez e em breve seria reconhecido como chefe político dominante no Estado.

Os Leoni Ramos passaram a morar num dos aristocráticos casarões da Praia de Icaraí, nº 185. A mudança permitiu que Raul de Leoni entrasse em contato com um ritmo de vida mais agitado, numa cidade maior e mais aberta, de onde se avistava – não "o vulto panorâmico de Atenas" que ele tanto exaltou – mas o também convidativo perfil da cidade do Rio de Janeiro, entre a baía e as montanhas. Como não poderia deixar de ser, ele foi logo matriculado no Colégio Abílio, que educava os filhos da elite. A discreta carreira política de seu pai prosseguia; em 1904, elegeu-se vereador à Câmara Municipal, e dois anos depois chegou a Prefeito de Niterói. A proximidade de Nilo Peçanha, que morava no mesmo calçadão e era cada vez mais o centro da vida política fluminense, exercia sobre o pequeno Raul enorme fascínio. Amigo próximo de seu pai, ele era uma presença constante em casa, e alguns anos mais tarde seria o seu padrinho de crisma. A figura inspirava reverências, como podemos notar pelas fotografias: pele morena, olhos pequenos de raposa, cavanhaque pontiagudo, cabelos gomalinados, mas ainda rebeldes, lembrando seus dias de republicanismo jacobino, em tempos de Floriano Peixoto; diz-se que era ao mesmo tempo circunspecto e loquaz, e ao ler seus discursos manejava expressivamente o *pince-nez* de aro de tartaruga, preso à lapela por uma fita preta.

Segundo se conta, Raul gostava de ouvir as conversas em casa sobre temas sérios da política, à roda do cafezinho, nos serões de final de semana. Em 1906, o amigo de seu pai chegava a vice-presidente da República, na chapa de Afonso Pena. Nilo Peçanha tinha sérios projetos de ocupar ele próprio a cadeira presidencial, e por isso mesmo não se deixou absorver completamente pelo novo cargo, continuando a interferir nos negócios do Estado do Rio; era importante fortalecer-se ainda mais nas suas bases. Um episódio familiar dá bem a medida da fascinação do futuro poeta pelo homem forte fluminense. Os adversários de Nilo Peçanha não descansavam, e o grande assunto político de 1907 foi sua ruptura com seu sucessor no Palácio do Ingá e ex-secretário, Alfredo Backer. Crescido, Raul de Leoni decidiu participar do conflito como "jornalista": redigiu o jornalzinho manuscrito *O Eleitor*, com suas veementes críticas a Backer e anúncios inventados; a tiragem foi de dois exemplares, um para seu pai, outro para Nilo Peçanha.

A estatura desses dois ídolos da infância de Raul de Leoni aumentou ainda mais em junho de 1909, quando o presidente Afonso Pena morreu e Nilo assumiu o Palácio do Catete. O Dr. Leoni Ramos foi chamado para compor o novo Gabinete, como chefe de polícia do Distrito Federal. Era uma época de crescentes agitações no Rio, e no ano seguinte a facção do presidente da República se engajaria na candidatura do marechal Hermes da Fonseca à Presidência, identificando a Campanha Civilista de Rui Barbosa aos interesses dos cafeicultores paulistas. Eleito o militar, o Dr. Leoni Ramos foi nomeado juiz do Supremo Tribunal Federal, tornando-se um aliado político do novo Governo na alta magistratura[6].

Desta vez Raul de Leoni teve de acompanhar os acontecimentos à distância. No início do ano de 1910, ingressara como aluno interno no Colégio São Vicente de Paulo, em Petrópolis. Era um dos estabelecimentos de ensino mais aristocráticos do país, que funcionava no antigo palácio imperial e era dirigido pelos padres premonstratenses. Ali Raul de Leoni completou

---

6. Carolino de Leoni Ramos chegou a ser eleito presidente do STF, poucas semanas antes de morrer em 20 de março de 1931.

o secundário e prestou o seu tributo ao catolicismo da mãe, fazendo a sua primeira comunhão conforme rezavam as tradições. Ia completar 15 anos e já escrevia seus primeiros versos. Chegou a enviar um soneto para a revista *Careta*, intitulado "Herói", mas o resultado não poderia ter sido mais desastroso. O soneto saiu na edição de 23 de julho de 1910, mas não nas páginas de literatura, e sim na humilhante seção chamada "Gaveta de Cartas", em que se justificavam as rejeições com torturante sarcasmo. Pior ainda: os redatores aproveitaram para atingir a figura do Dr. Leoni Ramos, distorcendo os versos brutalmente, atrapalhando a métrica e a pontuação e assinando "Carolino Ramos (Capital)". Dizia a nota: "Belíssimo, na verdade, o seu soneto. Tanto assim o pensamos que não resistimos ao prazer de publicá-lo aqui mesmo"; seguia-se o texto quase cômico:

HERÓI

Esse que a turba vil apoda e injuria
É um grego filósofo da escola tebana
Que ante a necessidade da natura humana
Curva a cabeça branca, embora a turba ria.

Quando no circo a multidão romana
Contemplando o combate entre os bichos ria
Só ele o filósofo impassível, quem diria,
Clara a face serena olhava a turbamulta insana.

Assim hoje na vida a multidão é igual
Igual o feroz combate entre os bichos →

Como há pouco se viu nos Estados Unidos, essa
[Nação sem rival.

Mas apesar dos sentimentos virarem caprichos
Só ele o filósofo tranqüilo e perenal
Olha para tudo como para montões de lixo.

E continuava a nota: "Linda obra, seu Ramos, linda obra! Disso é que nós andamos necessitados. Irra, já andávamos fartos de ler maus versos. O senhor Ramos há de ser o regenerador da poesia nacional!"[7]

Não era a primeira vez que o adolescente Raul de Leoni seria pessoalmente atingido pela mordacidade da revista carioca. No ano anterior, tivera o desgosto de ver a imagem do pai caricaturada em plena capa, no traço do implacável J. Carlos. Logo abaixo da figura em cores, os dizeres: "Dr. Leoni Ramos – o libertador do bicho."[8] O recém-empossado chefe de polícia estaria transigindo com a contravenção – dando razão ao que escreveria o cronista Mendes Fradique alguns anos depois sobre o "jogo do bicho", que teria se convertido "em instituição nacional permanente, sob a guarda das autoridades civis e militares"[9].

---

7. Walter Benevides atribui o soneto a Raul de Leoni, sem contudo notar que se tratava de um pastiche da "Gaveta de Cartas"; W. Benevides. *Raul de Leoni. No cinqüentenário da 'Luz mediterrânea'*. Rio de Janeiro: Livraria S. José, 1973, p. 15; o poema também figura entre as publicações do poeta em periódicos cariocas na coleção de recortes de Plínio Doyle – hoje no Arquivo-Museu de Literatura Brasileira, da Fundação Casa de Rui Barbosa, no Rio de Janeiro.

8. *Careta*. Rio de Janeiro, 28 de agosto de 1909, capa.

9. Mendes Fradique. *História do Brasil pelo método confuso* (1920); *apud* José Murilo de Carvalho. *Pontos e*

Raul de Leoni, que mais tarde confessaria de maneira tão insistente sua própria ironia, sentia na pele a mordida de sua futura arte. Um pouco mais velho, teimoso, tornou a testar a *Careta*, mas viu novamente a "Gaveta de Cartas" abrir-se para os seus versos: "Raul de Leoni (Niterói): as suas asneiras metrificadas foram para a cesta", escreveu o redator, na edição de 13 de julho de 1912. Seria inócuo entrar em especulações acerca dos possíveis efeitos do escárnio da *Careta* sobre o modo de ser do futuro autor da *Luz mediterrânea*, uma vez que ele não deixou escritos a esse respeito, nem seus amigos guardaram memórias substanciais desses fatos. Mas é razoável supor que os insucessos iniciais foram sentidos; quando menos, serviram para o poeta adolescente se dar conta de uma verdade cruel: a proteção da família e de padrinhos poderosos não dura para sempre, não vale em toda parte, nem custa barato. Também é certo que ele não se deixou abalar, porque em breve começaria de fato a conquistar algumas oportunidades de ver os seus versos em letra de fôrma. E a vingança não demorou tanto assim: em 15 de junho de 1918 a mesma *Careta* publicava condignamente o soneto "Crepuscular", depois incluído em *Luz mediterrânea*.

Terminados os estudos no internato, Raul de Leoni voltou a descer a serra para ficar. Desta vez, ganharia a própria capital republicana: em 1912 ele já figurava entre os "acadêmicos"

---

bordados. *Escritos de história e política*. Belo Horizonte: Ed. UFMG, 1999, p. 359.

da Faculdade Livre de Direito do Rio de Janeiro, de onde sairia bacharel cinco anos depois. Antes, porém, aproveitou a chance imperdível de conhecer o Velho Mundo em grande estilo: a família saía em viagem à Europa. É provável que o Dr. Leoni Ramos, na sua dignidade nova de magistrado superior, tenha sentido necessidade de ir conhecer de perto os supostos modelos da sua civilização, para melhor afirmar-se entre os novos colegas. Fosse qual fosse o motivo, o filho poeta aceitou o convite para acompanhá-los no seu longo passeio pelos pontos turísticos que à distância já excitavam o seu imaginário de admirador dos clássicos antigos e renascentistas. A família embarcou a 9 de abril de 1913; ao longo de dez meses, percorreu capitais e outras localidades em países como Portugal, Espanha, Inglaterra, França, Holanda, Suíça e Itália. Nos momentos de tédio, o jovem turista imaginava futuras publicações com suas notas de viajante, a exemplo do livro *Impressões da Europa*, que o padrinho Nilo Peçanha publicara com grande repercussão no ano anterior. A família guardou um caderno com os rascunhos, que hoje conhecemos através de citações feitas pelo biógrafo Germano de Novais. O trecho inicial tem o sabor engraçado de suas pretensões de adolescente, com a irresistível necessidade de estetizar as experiências: "Eram duas horas da tarde de 9 de abril quando, do convés do titânico transatlântico que seguia uma marcha lenta, eu atirei meus últimos olhares saudosos sobre os recantos pátrios que, em breve, sumiram nas brumas do horizonte" – e por aí afora[10]. O curioso é que o rapaz já tinha em mente os títulos que escolheria: "Recordações de viagem", "A Europa em dez meses. O que eu vi, o que eu notei, o que eu gostei"; "Cartas d'Europa" já foi inscrito no caderno como um fato consumado: "Livraria Hachette, 1913, Paris".

De volta ao Brasil em princípios de 1914, os Leoni Ramos encontraram o Rio em clima de agitação eleitoral. Nilo Peçanha, com o prestígio de um ex-presidente da República, candidatava-se a um segundo mandato à frente do Estado. Seus assessores organizavam uma grande excursão por diversos municípios fluminenses, inaugurando um estilo de campanha desconhecido no Brasil da Primeira República; embora suas decisões e candidaturas ainda surgissem ao sabor das disputas oligárquicas, o líder arrojado e ambicioso percebeu as vantagens de contar também com a simpatia das massas, seja como forma de acrescentar mais prestígio e assombro a seu nome, seja a fim de prestigiar ele próprio, com a sua presença, os aliados regionais que comparecessem a seu lado diante dos populares. Desta vez, Raul de Leoni já tinha 18 anos e podia participar de fato; é possível que tenha colaborado com o padrinho, como alegam alguns autores[11]. De to-

---

10. *Apud* Germano de Novais. *Raul de Leoni, poeta de todos os tempos.* 2ª edição. São Paulo: Editora Germano de Novais, 1969, p. 18.

11. Brígido Tinoco afirma que Raul de Leoni participou da comitiva do candidato em sua turnê pelo Estado; B. Tinoco. *A vida de Nilo Peçanha.* Coleção Documentos Brasileiros, vol. 114. Rio de Janeiro: José Olympio, 1962, p. 193.

do modo, o engajamento não poderia ser completo, porque era imprescindível retomar os estudos na faculdade e, além do mais, havia duas outras ocupações concorrendo com a política: o esporte e a boemia.

Os tempos de formação deram início a uma curiosa duplicidade na vida e na personalidade do poeta. Ele vivia entre duas cidades, Niterói, onde morava com os pais, e Rio de Janeiro, onde se divertia com os amigos. Segundo todas as fontes, o estudo das leis e dos autos nunca foi o seu forte. Vem dessa época a divisão de Raul de Leoni: o bom moço de Niterói, promissor e diurno, praticante de remo e "bom partido" para as moças solteiras; e o boêmio inveterado do Rio noturno, a "cidade do vício e da graça", como a chamou Ribeiro Couto, na qual o poeta revelava apreciar a roda de uma mesa de bar, de madrugada, quando esquecia os remos e abraçava o violão. Num papel ou no outro, seu encanto pessoal é perceptível em cada linha que os amigos escreveram sobre ele; por exemplo, Rodrigo Melo Franco de Andrade: "Conversador impenitente, era retido pelos amigos, que o escutavam com prazer"[12]; Afonso Arinos de Melo Franco: "Agitado, cintilante, tomava posse das pessoas, dominava as conversas, dirigia as opiniões"[13];

---

12. Depoimento de Rodrigo M. F. de Andrade a Germano de Novais, *cit.*, p. 28.

13. Afonso Arinos de Melo Franco. "O poeta assassinado". In:. A. A. de Melo Franco. *Espelho de três faces. Ensaios. Crônicas. Perfis.* São Paulo: Edições e Publicações do Brasil, 1937, p. 212.

Sérgio Buarque de Holanda: "Fazia associações imprevistas. Tratava qualquer assunto com capacidade invulgar. Tocava bem violão"[14]; Jayme de Barros: "Forte, alegre, varonil, amando o *sport*, o sol e o mar, ele hauria a vida por todos os sentidos"[15]; Benjamin Costallat: "(...) mais velho e mais culto, dizia-me coisas maravilhosas que eu escutava como se caíssem do céu"[16].

A imagem diurna foi a que prevaleceu depois de sua morte, apagando o vulto pálido e doentio dos últimos anos, mas ofuscando também as incursões noturnas pelas partes instáveis do Rio, como a Lapa e o Lavradio, lembradas apenas por figuras características da noite da capital nos anos 1910 e 1920, como o paraense carioquíssimo Jayme Ovalle e o "perfeito carioca" Di Cavalcanti. Em vida, e com saúde, sua face "cintilante" e solar já era a mais divulgada. A *Revista da Semana* publicava seus retratos e acompanhava cada passo da vida do "jovem e distintíssimo poeta". Raul de Leoni conseguia conciliar a poesia com o cultivo de suas formas físicas, que gostava de exibir. É interessante observar como esse esplendor corporal sobreviveu

---

14. Depoimento de Sérgio Buarque de Holanda a Germano de Novais, *cit.*, p. 39.

15. Jayme de Barros. "O poeta do sol e do mar". In: *Espelho dos livros (estudos literários)*. Rio de Janeiro: José Olympio, p. 346.

16. Benjamin Costallat. "Leoni". In: *Autores e livros* 15. Suplemento literário do jornal *A Manhã*. Rio de Janeiro, 23 de novembro de 1941; artigo originalmente publicado em 1928.

na lembrança dos amigos sempre em conexão com as aventuras espirituais, leituras e inquietações intelectuais de um jovem ávido por conquistar todas as atenções. Afonso Arinos admirava o brilhantismo do poeta, que era companheiro de seus irmãos mais velhos, Caio e Cesário: "a vida explodia nele, física e intelectualmente", escreveu, ao relembrar-se das contínuas visitas de Raul de Leoni a sua casa em Copacabana: "Habituara-se a fazer exercícios físicos; lia Nietzsche e costumava mostrar aos poetas e pintores anêmicos, reunidos nos dois quartos do porão, uma fotografia demonstrativa em que ele aparecia apenas vestido de um pequeno calção de ginasta, exibindo bíceps e peitorais satisfatoriamente desenvolvidos."[17] Costallat também conservava recordações semelhantes: "Tinha mais orgulho de sua musculatura do que dos seus versos. Os versos ele ainda não os publicara. Os seus bíceps ele os exibia a cada instante. Leoni era formidavelmente forte. Todas as manhãs fazia uma metódica e severa cultura física. Depois é que lia o seu Renan."[18] Muque, Nietzsche, remo e Renan: tal era a vitamina do poeta, à qual poderiam ser acrescentados outros ingredientes apreciados no tempo, como Anatole France e boemia. Nessa fórmula contraditória que se insinua a cada poema de *Luz mediterrânea* vemos o vitalismo de inspiração nietzschiana mesclar-se com o decadentismo

---

17. A. A. de Melo Franco, *cit.*, pp. 212-3.
18. B. Costallat, *loc. cit.*

anatoliano; de um lado, a exaltação dionisíaca da vida e da ação, de outro, a ironia melancólica e apassivadora dos céticos.

Os primeiros poemas publicados começaram a aparecer em 1915, em semanários de considerável repercussão, principalmente *Fonfon* e *Revista da Semana*. A poesia então era uma "variedade" a mais, entre notícias de política, avisos fúnebres, fotografias das damas de sociedade ou reformas urbanas e reportagens sobre esportes. Poetas consagrados, como no futuro os artistas de televisão, eram chamados a abonar os anúncios de remédio para males diversos ou bens de consumo para o conforto da vida burguesa; Olavo Bilac, por exemplo, fez quadrinhas para o xarope Bromil – em mais uma prova de que a imagem da poesia já se dissociava da tuberculose, que fatalizara tantos vates românticos no século anterior.

Em finais de 1915 Raul de Leoni já era um rapaz conhecido por todo o *grand monde* literário carioca, embora talvez ainda escorado no prestígio do pai e na sua proximidade com Nilo Peçanha, que tomava posse do Palácio do Ingá, em Niterói, pela segunda vez. A Fundação Casa de Rui Barbosa guarda um documento precioso desse período: um álbum de autógrafos com pequenos poemas e pensamentos de praticamente todos os escritores importantes da época. Era costume, em festas e recepções, fazer correr um "livro de ouro" pelas mãos dos convidados ou participantes, para que deixassem uma lembrança por escrito, versos de improviso, um gracejo qualquer. Esse pequeno volume encadernado em couro, ao que tudo indica, pertenceu à própria família Leoni Ramos[19]. A maioria dos textos é datada de 3 e 4 de dezembro de 1915; quase todas as figuras mais importantes da República das Letras estão presentes: Olavo Bilac, Alberto de Oliveira e toda a corte dos neoparnasianos, como Hermes Fontes, Humberto de Campos e Olegário Mariano; João do Rio, Álvaro Moreyra e muitos outros jornalistas; críticos como João Ribeiro e Nestor Vítor; além de quase todos os jovens poetas que na época eram mais chegados a Raul, como Caio de Melo Franco, Ildefonso Falcão e Valfredo Martins.

Ao todo, Raul e seus irmãos conseguiram recolher mais de 40 autógrafos. O próprio Raul escreveu sua colaboração, com partes do soneto que sairia em *Luz mediterrânea* com o título de "Exortação". Na página em frente, comparecia Bilac:

> Porque a Beleza, gêmea da Verdade,
> Arte pura, inimiga do artifício,
> É a força e a graça na simplicidade.
> *Olavo Bilac*

---

19. Um dos autógrafos, de Nunes Pereira, vem com a dedicatória "Ao Raul de Leoni"; outro, de um certo Vieira Ferreira Neto, parece referir-se ao pai: "A ti, Leoni Ramos, o meu aplauso profundamente sincero pelos esforços que despendes em auxílio da nossa literatura"; o álbum foi doado por Plínio Doyle à Fundação, e hoje integra o acervo de seu Arquivo-Museu de Literatura Brasileira.

Era o terceto final do célebre soneto "A um poeta", síntese da poética do parnasianismo; além da equiparação clássica entre verdade e beleza, expressa no trecho que o autor selecionou para o álbum, havia também a exaltação do esforço artesanal com que esse poeta enclausurado escreve, como um monge beneditino, "longe do estéril turbilhão da rua". Poucas páginas depois, uma outra contribuição descrevia de maneira muito vívida o ambiente em que os autógrafos eram pedidos; diz o texto, assinado por Paulo de Gardênia (pseudônimo de Benedito Costa): "É uma tarde de sábado. A avenida está rumorosa, movimentada, brilhante. Súbito um amigo pega-me pelo braço e exige-me um pensamento. 'Um pensamento, aqui?' 'Sim, já!' Então, tranqüilamente, eu entro, pego na caneta e escrevo que: os melhores pensamentos ninguém os escreve porque os quer realizar. Rio, 4-12-1915. Paulo de Gardênia." O próprio Bilac deve ter sido abordado desse modo, inadvertido, ao ar livre, pelo jovem admirador que lhe oferecia o álbum; afinal de contas, ele não estava tão longe assim do "turbilhão da rua" – pelo menos não naquela tarde de sábado.

Prestes a se formar, em 1916 ou 1917, Raul de Leoni passaria a ser acreditado também como articulista ocasional. O jornalismo era uma opção sempre a considerar para os jovens talentosos que, no entanto, davam-se mal com a advocacia. Era o caso do poeta, que chegou a dividir um escritório com alguns colegas, mas sua carreira não foi muito numerosa, como lembrava o crítico Agrippino Grieco, amigo de seu pai: "Uma vez formado, só se meteu em duas causas judiciárias, uma delas com uma viúva cacete, que vivia a importuná-lo pelo telefone, e outra com a vítima de um bonde da Light, o que o levou a ir entender-se com os magnatas do casarão da rua Larga."[20]

O convívio com os companheiros da *Fon-fon* certamente lhe parecia bem mais agradável do que os telefonemas no escritório. A sociabilidade dos literatos no Rio de Janeiro transcorria num clima de ludismo e suave emulação; o álbum de autógrafos citado acima é testemunho disso. Quem lê as memórias e os depoimentos dos signatários tem a impressão de que aquele grupo divertido e atraente mal tomava conhecimento dos muitos colapsos que aconteciam por toda a parte – basta lembrar que era o tempo da Primeira Guerra Mundial e de suas desastrosas conseqüências para a economia brasileira (e a fluminense em particular), com a baixa dos preços do café no mercado externo e os cortes nas importações dos países beligerantes; mas também seria conveniente citar os primeiros grandes sucessos da agitação operária em São Paulo e no Rio, com as greves de 1917 e 1918, expondo as fissuras da Primeira República. Mesmo a terrível "gripe espanhola" que es-

---

20. Agrippino Grieco. *Memórias*. Rio de Janeiro: Conquista, vol. 2, pp. 260-1; o "casarão da Rua Larga" é a sede da Light, companhia de energia e iluminação pública, na rua hoje chamada Av. Marechal Floriano.

palhou tantos cadáveres pelas ruas da capital, em 1918, teria passado despercebida pelo grupo de Raul de Leoni se não tivesse levado um de seus integrantes mais queridos, Cesário de Melo Franco. Quanto à guerra, a imprensa reagia entusiasmada contra a Alemanha, refletindo a francofilia dominante, mas a exaltação não ia muito além das letras de fôrma, exceto pelas manifestações da Liga Nacionalista, em São Paulo, onde alguns voluntários se apresentaram ao Consulado da França – entre eles dois dos maiores companheiros de Raul de Leoni que depois ingressariam de corpo e alma na boemia carioca, Di Cavalcanti e Ribeiro Couto; o cônsul se disse muito comovido, mas simplesmente mandou que voltassem em paz para suas casas.

É impressionante a vasta gama de amizades e admirações conquistada por Raul de Leoni. Além dos irmãos Melo Franco, estava sempre com os jornalistas Cláudio Ganns, Edmundo da Luz Pinto e Benjamin Costallat. Entre os bardos promissores que depois se apagaram, Ildefonso Falcão e Valfredo Martins eram muito próximos. Mesmo um poeta já bastante conhecido como Olegário Mariano não escondia sua admiração pelo jovem sonetista que publicava ocasionalmente na *Fon-fon* e era tão bom de conversa. Dentre os que depois abraçariam o modernismo, freqüentava Ronald de Carvalho e Paulo Silveira (que nos anos 1920 representaria o futurismo fascista no Rio), além de simpatizantes como Rodrigo Melo Franco de Andrade e Américo Facó, também jornalistas. A rotina incluía os encontros diários em livrarias chiques do centro da cidade, como a Garnier, a Freitas Bastos, a São José e a Crashley, onde os nomes que pareciam tão sisudos nos jornais e na lombada dos livros se materializavam em pessoas quase sempre sociáveis, entre eles os grandes parnasianos, ainda muito reverenciados, como Olavo Bilac e Alberto de Oliveira. À noite, a conversação se prolongava no Café Suíço ou no Lamas.

Raul de Leoni, nesses anos, era um poeta em trânsito, que desafiava os conselhos de Bilac sobre "o estéril turbilhão da rua": vários de seus amigos confirmam a história de que costumava escrever poesia na barca, entre Rio e Niterói, ou no trem, entre Petrópolis e o Rio, na volta das *garden parties* dos finais de semana. Ao chegar ao ponto de encontro, livraria ou bar, lia para a roda de amigos os versos recém-compostos. Às vezes aceitava desafios poéticos, como o relatado por Paulo Silveira: "Certa vez, houve entre Raul e Caio Melo Franco um desafio para ver quem fazia o melhor soneto sobre o céu estrelado. Os dois poetas mergulharam nas águas da meditação e, dentro de alguns minutos, os versos estavam prontos. Houve divergência e não se pôde julgar qual seria o melhor."[21] Do soneto apresentado nesse embate, segundo o autor, Leoni guardou o verso final de um dos poemas mais apreciados de *Luz mediterrânea*, "Noturno": "A ironia longínqua das estrelas..."

---

21. Paulo Silveira. "Sobre a pedra branca". In: P. Silveira. *Asas e patas*. Rio de Janeiro: Costallat & Miccolis, 1926, pp. 155-6.

Desde a última vitória eleitoral de Nilo Peçanha, Raul de Leoni vinha trabalhando como seu oficial de Gabinete, em Niterói. Mas a situação estava para mudar em breve. No ano de 1917, o Brasil se viu pressionado a tomar uma posição mais firme com relação à guerra entre as potências européias; o ministro das Relações Exteriores, Lauro Müller, era filho de alemães, e a imprensa o acusava de germanofilia; seu afastamento não demorou. O substituto escolhido pelo presidente Wenceslau Brás foi ninguém menos que Nilo Peçanha, que para assumir o cargo deixou o Governo estadual do Rio. Para Raul, era uma chance de ingressar no Itamaraty, como outros amigos seus, entre eles Caio de Melo Franco, Ildefonso Falcão e Ronald de Carvalho. Em fevereiro de 1918 ele era nomeado Segundo Secretário de Legação, destacado para a representação brasileira em Cuba. O poeta adorou o fardão de diplomata; segundo Agrippino Grieco, desfilava fardado pela praia de Icaraí, para impressionar os freqüentadores do *footing* mais concorrido de Niterói[22]. A *Revista da Semana* de 11 de maio noticiou com destaque a partida do "Dr. Raul de Leoni" para Havana, com a publicação de sua famosa fotografia vestindo o fardão de diplomata; ele prometia então escrever "de Havana e Nova York" uma série de crônicas para esse órgão; "Um grupo de amigos, todos pertencentes à roda seleta em

---

22. Agrippino Grieco, *cit.*, p. 53.

que o distinto diplomata cultiva as suas relações de amizade, ofereceu-lhe um jantar de despedida". Era o Raul diurno das notas sociais; à noite, os amigos boêmios tentavam demovê-lo da idéia de partir; um dos mais próximos era Jayme Ovalle, o autor da cantiga "Azulão": "Lembro-me bem de quando Nilo Peçanha o nomeou para a Legação em Cuba. Raul estava belíssimo na farda do Itamaraty. O navio fez escala na Bahia. Raul desceu e voltou de lá alguns dias depois. Voltou falando espanhol e dizendo coisas extraordinárias, passadas em Cuba! Nunca assumiu o lugar."[23] Os amigos ficaram surpresos com seu regresso tão rápido, e ele se justificava dizendo que tinha passado muito mal com a comida baiana e decidira voltar: "excesso de carurus e vatapás", explicava.

Segundo Jayme Ovalle, Nilo Peçanha jurou nunca mais nomeá-lo; ficou furioso com a irresponsabilidade do afilhado, num momento para ele tão grave, em que o Brasil declarava guerra à Alemanha e ele precisava "capitalizar" o prestígio de chanceler para fortalecer-se como candidato à Presidência da República. Por alguns meses, deixou o seu protegido de lado, mas em outubro voltou atrás, e Raul foi "removido" para a Legação do Brasil em Montevidéu. Desta vez, ele teria de integrar uma embaixada especial que representaria o Brasil na posse do novo presidente do Uruguai, o ex-chanceler Bal-

---

23. Depoimento de Jayme Ovalle a Carlos Drummond de Andrade, *loc. cit.*

tazar Brum – um amigo pessoal e colaborador político de Nilo. Em fevereiro do ano seguinte, quando o chefe político fluminense já tinha deixado o Ministério, Raul partiu para seu novo posto, onde agüentou permanecer até abril, quando voltou para o Rio. O novo chanceler, Domício da Gama, ainda tentou aproveitá-lo no consulado em Roma, para o qual o nomeou em julho. Desta vez, Raul de Leoni nem chegou a embarcar; em setembro de 1919, por fim, o ministro o transferiu do Corpo Diplomático para uma função burocrática na Secretaria de Estado do Itamaraty.

Data desse ano a primeira publicação importante de Raul de Leoni, a *Ode a um poeta morto*, dedicada "à memória de Olavo Bilac", uma bonita plaquete com capa cor-de-rosa[24]. O autor da "Via Láctea" morrera em 28 de dezembro de 1918. Nessa altura, Raul já tinha sido nomeado para a legação brasileira no Uruguai, mas só iria partir algumas semanas depois. Possivelmente, começou a escrever o longo poema no Brasil e o terminou em Montevidéu, de onde terá remetido os originais para o editor e livreiro Jacinto Ribeiro dos Santos, da Livraria São José. Em meados de abril, quando regressou ao Brasil, o livrinho já estava à venda. A longa homenagem, com 214 versos, iniciava-se com as palavras que mais tarde seriam acrescentadas, não ao túmulo do príncipe do Parnaso, e sim ao do próprio Raul de Leoni: "Semeador de harmonia e de beleza."

---

24. Raul de Leoni. *Ode a um poeta morto*. Rio de Janeiro: Jacinto Ribeiro dos Santos, 1919.

A plaquete foi recebida sem alarde, mas certamente despertou a atenção dos críticos. Na seção "Livros", de *Fon-fon*, saiu em 26 de abril uma pequena nota anônima: a "Ode" era "um voto religioso aos numes da pura arte", eivado de "entusiasmo sem desordem" – uma interessante definição do parnasianismo em geral. Tristão de Ataíde fez um comentário cauteloso, à espera de mais amostras do talento poético do autor, entre elogios contidos[25]. E a expectativa não era despertada só pelos sonetos já publicados esparsamente, mas também pelo aviso incluído na plaquete, intitulado "Obras do autor (a sair brevemente)", que prometia mais três livros: "Poemas da meditação (versos)", "Mediterrâneos (versos)" e "Diário do espírito (prosa)". Sinais de que, nessa ocasião, o plano geral de *Luz mediterrânea* já estava basicamente traçado, o que também pode ser observado no próprio texto da "Ode", com sua estrofação irregular, a métrica variável e a rima apenas ocasional – características marcantes dos poemas longos incluídos no livro de 1922, como observou Fernando Py no seu atento exame estilístico da obra[26].

---

25. A nota de Ataíde está incluída em Alceu Amoroso Lima. *Primeiros estudos. Contribuição à história do modernismo literário*. Obras completas, vol. 1. Rio de Janeiro: Agir, 1948.

26. Fernando Py. "Prefácio. Raul de Leoni, poeta trovador". In: R. de Leoni. *Luz mediterrânea*. 13ª edição, organizada por F. Py. Petrópolis: Pirilampo, pp. 5-8.

O certo é que a recepção à "Ode" associou o seu jovem autor à chusma de epígonos de Bilac que disputavam a atenção do público nas páginas das revistas semanais e dos jornais. Naquele mesmo ano, porém, Raul de Leoni veria intensificar-se a sua amizade com poetas, artistas e intelectuais que logo se definiriam pelo modernismo. Foi em 1919 que chegou ao Rio o jovem jornalista Rui Ribeiro Couto, de Santos, que trazia na bagagem os poemas que depois publicaria em *O jardim das confidências* (1921). No mesmo ano regressou de São Paulo Di Cavalcanti, que conhecera na Faculdade de Direito, e agora já tinha se tornado um ilustrador e caricaturista profissional. Junto com Jayme Ovalle, eles formaram um quarteto inseparável na noite carioca. Demoravam-se na ronda dos bares até a alta madrugada, em conversações, cantorias e passeios de automóvel. Ribeiro Couto traçou um lindo painel dessas andanças (mas sem citar nomes) em *A cidade do vício e da graça*, datado de "outubro de 1921 – abril de 1922", com o subtítulo "Vagabundagem pelo Rio noturno". Pela prosa do amigo, temos uma noção muito vívida do ambiente freqüentado por essa turma, que se misturava a sambistas e prostitutas na "alma viciosa da Lapa". Quando lá chegavam, porém, já tinham cumprido o roteiro decrescente que se iniciava em cervejarias como a Brahma, a Americana ou a Nacional, passava por bares da moda, como o Assyrio, "*cocktail* do Teatro Municipal", e o Palace, e outras paradas ocasionais. A própria Lapa era um universo bastante hierarquizado, desde o Bar Olympia, com sua orquestra, até os pequenos "concertos", que Ribeiro Couto caracterizou como "os cabarés da gentalha": "À esquina de Lavradio e Resende fica um dos principais. Até a madrugada, está sempre cheio. A clientela é variada. Não faltam nunca marinheiros, soldados, choferes truculentos. Ao fundo da sala estreita está o palco, entre bandeirolas de cores vivas. Umas mulatas, a voz fanhosa e o ar pornográfico, dançam e cantam, rindo para a assistência."[27] Dançava-se maxixe, samba e *fox-trot*. Bebia-se chope e, às vezes, uísque; a cocaína era um prazer disponível: não era Pasárgada, mas havia "alcalóide à vontade", como diria um freqüentador ocasional do grupo, Manuel Bandeira, morador das proximidades. Também ali perto, no quarteirão da Rua do Senado, morava Heitor Villa-Lobos, que por essa época estava compondo os seus choros. Uma figura esquiva às vezes avistada no Lavradio era Lima Barreto. E é provável que Raul de Leoni tenha estado nas mesmas mesas com grandes mestres da música popular, como Pixinguinha e Sinhô.

Muitas vezes, o poeta perdia a última barca de volta a Niterói e era alegremente obrigado a ficar na boemia até o amanhecer. Em outras, os

---

27. Ribeiro Couto. *A cidade do vício e da graça. Vagabundagem pelo Rio noturno*. Rio de Janeiro: Arquivo Público do Estado do Rio de Janeiro, 1998, p. 35; a edição original saiu em 1924 pela Benjamin Costallat & Miccolis (Rio de Janeiro).

companheiros decidiam fazer a travessia com ele, como lembrava Jayme Ovalle em seu depoimento a Drummond: "Quantas vezes fui levá-lo à estação das barcas... À última hora sempre resolvia acompanhá-lo até Niterói. Lá, ele deliberava trazer-me de volta ao Rio."[28]

Era o Raul noturno e relaxado, que contrastava com o "distinto poeta" das notas sociais, e também com o tom sisudo e pretensioso dos artigos que costumava publicar na *Fon-fon* e em *O Jornal*. No casarão da Praia de Icaraí, o Dr. Leoni Ramos se preocupava com as más companhias do filho, que não dera nem para a diplomacia nem para o direito: "Se entregarem os autos ao Raul" – costumava dizer – "ele é capaz de largá-los na avenida para acompanhar o Di."[29] O pintor, que viria a ser um dos principais articuladores da Semana de Arte Moderna, lembrou-se do amigo em suas *Reminiscências líricas de um perfeito carioca*: "Raul de Leoni caminhava comigo do Flamengo a Botafogo. Sentávamos num banco da praia onde ele recitava-me seus sonetos feitos de sol e amor."[30] De fato, nada em *Luz mediterrânea* denota o ambiente escuro e enfumaçado dos *bas-fonds* que o poeta freqüentava com seu grupo de amigos disso-

---

28. Depoimento de Jayme Ovalle a Carlos Drummond de Andrade, *loc. cit.*

29. Depoimento de Ruth Gouveia de Leoni Ramos a Carlos Drummond de Andrade, *loc. cit.*

30. Emiliano Di Cavalcanti. *Reminiscências líricas de um perfeito carioca*. Rio de Janeiro: Civilização Brasileira, 1964, p. 89.

lutos, assim como nenhum verso contém a menor referência ao cotidiano das barcas de Niterói e dos trens de Petrópolis, onde muitos teriam sido redigidos, segundo os companheiros do autor. Raul de Leoni desobedecia Bilac quanto à exigência de clausura, mas permanecia indiferente em meio ao turbilhão da rua e do cotidiano.

De todo modo, agora as barcas tinham ficado para trás, como vemos pelo itinerário mencionado por Di Cavalcanti, terminando em Botafogo. Nessa altura, o poeta já estava casado e vivia num dos endereços elegantes do Rio, a Rua das Paineiras, nº 19. Em setembro de 1920 ele tinha ficado noivo de Ruth Soares de Gouveia, que conhecera em Petrópolis. Como ele, ela era filha da alta sociedade fluminense. O casamento deu-se em abril do ano seguinte, merecendo cobertura fotográfica da *Fon-fon* de 16 de abril de 1921, sob o título pomposo de "O enlace Leoni-Gouveia".

Meses antes, Raul de Leoni decidira exonerar-se do Itamaraty, provavelmente sem consultar o padrinho Nilo Peçanha, que viajava pela Europa desde que deixara o Ministério. Mas foi certamente por influência do grupo nilista que Raul de Leoni se viu envolvido em mais uma de suas aventuras frustradas, desta vez na política: em 29 de maio de 1921, tornou-se deputado à Assembléia Legislativa do Rio de Janeiro, em eleição extraordinária para preencher uma vaga no último ano da décima legislatura republicana da casa. Aos amigos estupefatos, dizia que era apenas "um deputado do segundo *team*". E repetia o comportamento que tivera como diplomata:

só se apresentou ao plenário em agosto e compareceu a apenas seis sessões, nas quais entrou mudo e saiu calado, pois os anais da Alerj não registram nenhum pronunciamento do poeta.

Por esse tempo o jovem Sérgio Buarque de Holanda já tinha se mudado para o Rio, com os pais. Logo se juntou ao grupo boêmio de Raul de Leoni, através das amizades que fez na Faculdade de Direito com Afonso Arinos e outros. Apesar de mais novo – tinha apenas 19 anos – ele escrevia ocasionalmente no *Correio Paulistano* e estava em contato direto com os modernistas de São Paulo; basta dizer que no ano seguinte, depois da Semana de Arte Moderna, seria reconhecido como uma espécie de representante da revista *Klaxon* no Rio, e às vezes era apresentado como o "cônsul dos modernistas". Sua chegada aumentou a sedução do modernismo para Raul de Leoni; nele, o poeta encontrou um competidor à altura, muito culto, disposto ao debate e cheio de idéias novas que ainda tinham pouca circulação no meio literário carioca.

Se acompanharmos passo a passo os depoimentos sobre essa época, contrastando-os com as publicações e os escritos contemporâneos, veremos o quanto o autor da *Luz mediterrânea* estava exposto ao movimento radical de renovação. Ficamos com a impressão de que ele era até disputado pelos modernistas. Em 8 de novembro de 1921, a coluna de Hélios (Menotti del Picchia) no *Correio Paulistano* mencionava seu nome entre a "falange de fulgurantes 'novos'" da capital federal, "onde cintilam, com cegante brilho, Ronald de Carvalho, Olegário Mariano, Álvaro Moreyra, Flexa Ribeiro, Manuel Bandeira, Alves de Souza, Leoni e muitos outros que orgulham a literatura nacional"[31]. E não é impossível que ele tenha estado presente às leituras de *Paulicéia desvairada* que Mário de Andrade fez no Rio, nas casas de dois de seus amigos mais antigos, citados por Hélios: Ronald de Carvalho, que iria aderir ao movimento, e Olegário Mariano, que continuou fiel às suas cigarras neoparnasianas. Mas estes eram relacionamentos do Raul diurno, solar e comportado. Entre os companheiros mais chegados do Raul da boemia, Sérgio Buarque de Holanda não era o único divulgador do então chamado "futurismo paulista" (título de um artigo que publicou na *Fon-fon* de 10 de dezembro de 1921); Di Cavalcanti teve participação direta na organização da Semana de Arte Moderna, e entre os incluídos no programa estavam Ribeiro Couto e Manuel Bandeira. Estes, no entanto, desistiram de participar na última hora, por não se identificarem com a irreverência radical do acontecimento. Possivelmente, Raul de Leoni teria uma posição semelhante; depois da "Ode" a Bilac e de uma série de sonetos brilhantes que já corriam de mão em mão nas rodas literárias do Rio, ele teria muita dificuldade de participar da derrubada de ídolos de um modo tão violento.

---

31. Menotti del Picchia (Hélios). "O futurismo paulista" (1921); *apud* M. da Silva Brito. *História do modernismo brasileiro*. I: *Antecedentes da Semana de Arte Moderna*. Rio de Janeiro: Civilização Brasileira, 1964, p. 319.

Mas havia um outro constrangimento que a crítica costuma subestimar, diretamente relacionado às práticas clientelistas da Primeira República. Raul de Leoni e sua família viviam à sombra do poder de Nilo Peçanha, o oligarca que pretendia levar o Estado do Rio de volta à situação privilegiada que as elites políticas fluminenses idealizavam no passado. Já o grupo que articulou a Semana de Arte Moderna tinha ligações estreitas com as oligarquias rivais que dominavam o Estado de São Paulo, e alguns de seus membros de fato pertenciam à camada dos proprietários de terra que exploravam o café para a exportação; outros estavam ligados aos comerciantes e comissários que representavam a cafeicultura na cidade. Se é certo que vivia no Rio um dos maiores idealizadores da Semana, Graça Aranha, é também verdade que ela só se viabilizou graças à amizade entre este e o paulista Paulo Prado, amigo próximo do presidente do Estado de São Paulo, Washington Luís, que também recebia em sua casa o jovem e turbulento Oswald de Andrade. O grupo dos radicais contava com o apoio tácito do presidente estadual, e o *Correio Paulistano*, órgão semi-oficial do Partido Republicano Paulista, tinha as suas páginas sempre abertas para o movimento.

Por uma coincidência muito interessante, 1921 era ano de campanha eleitoral para a sucessão do presidente da República, Epitácio Pessoa. São Paulo e Minas Gerais apresentaram como candidato o mineiro Artur Bernardes. No Estado do Rio, a facção nilista, dominante, mostrou-se insatisfeita e entrou em articulações com os demais estados preteridos. Com o apoio da imprensa carioca, notadamente do *Correio da Manhã*, programou-se uma grande manifestação popular para 5 de junho, a data prevista para a chegada de Nilo Peçanha da Europa. O *Correio* do dia seguinte noticiou a recepção com estardalhaço, publicando fotografias que mostravam a multidão que se aglomerou para receber o líder. O significado do acontecimento era claro: em 24 de junho se anunciava uma candidatura de oposição, apoiada entre outros estados pelo Rio Grande do Sul, com Nilo Peçanha para presidente e o oligarca baiano J. J. Seabra para vice. A chapa foi batizada de Reação Republicana, e mais uma vez o dirigente fluminense decidiu testar o seu estilo novo de campanha "à americana", com excursões e comícios para atrair os populares – mas desta vez em âmbito nacional: Nilo seguiria para o Norte e o Nordeste; J. J. Seabra, para o Sul. Uma nova manifestação de massas foi organizada para a partida do candidato presidencial no vapor Íris, com um grupo de assessores, em 15 de setembro; entre os intelectuais presentes à despedida o *Correio da Manhã* do dia seguinte mencionou Raul de Leoni.

Muitos afirmam que o poeta foi o autor dos discursos proferidos por seu padrinho e protetor nas jornadas da Reação Republicana. Não há nenhuma evidência de que o tenha feito; alguns rascunhos se encontram preservados na Coleção Nilo Peçanha do Museu da República, no Rio, e a letra não é a do poeta[32]. É certo, porém, que participou do comitê de propaganda; Medeiros e Albuquerque, adversário do político mas admirador de seu afilhado, registra essa participação acrescentando que "talvez se possa dizer que neles [os discursos de Nilo] o que houve de aproveitável e sólido foi do talento lúcido do jovem secretário"[33]. Seja como for – e como não poderia deixar de ser – Raul de Leoni foi convocado: fazia parte do compromisso de sua família com Nilo Peçanha que, numa situação como aquela, um afilhado bacharel e suficientemente talentoso se engajasse.

Do outro lado da campanha, estava a maioria dos modernistas de São Paulo, não exatamente engajados, mas sutilmente envolvidos, seja por interesses diretos, seja por laços familiares ou mesmo empregatícios. Alguns tinham posições consideráveis: Menotti del Picchia, por exemplo, era simplesmente o redator de política do *Correio Paulistano*, trabalhando sob ordens diretas de Washington Luís, a favor de Artur Bernardes[34]. O jornal chegou a se referir a

---

32. Coleção Nilo Peçanha, Arquivo Histórico do Museu da República, lata 34: "Documentos diversos".

33. Medeiros e Albuquerque. "Raul de Leoni e sua 'Luz mediterrânea'". In: *Autores e Livros* 15, *loc. cit.*; resenha originalmente publicada em 7 de julho de 1928.

34. *Cf.* Francisco de Assis Barbosa. "Verdes anos de Sérgio Buarque de Holanda. Ensaio sobre sua formação intelectual até 'Raízes do Brasil'". In: V.V.A.A. *Sérgio Buarque de Holanda. Vida e obra.* São Paulo: Secretaria de Estado de Cultura/USP, p. 34 e nota 31.

Nilo Peçanha como "o monstro carioca"³⁵. Para cúmulo da ironia, a poucas semanas das eleições de 1º de março de 1922, o companheiro de chapa do líder fluminense chegava a São Paulo para fazer suas apresentações e palestras. Estava tudo preparado, mas na última hora o *staff* de J. J. Seabra foi informado de que seria necessário buscar outro local para as conferências porque a sua reserva no Teatro Municipal tinha sido cancelada; motivo: a realização da Semana de Arte Moderna, nos dias 13, 15 e 17 de fevereiro, no mesmo espaço³⁶.

Em suma, para ingressar no modernismo de 22 Raul de Leoni não precisaria apenas despojar-se do vocabulário polido, da métrica e do seu ideal classicizante de harmonia e beleza – seria preciso também arriscar sua identidade de membro da "clientela" de Nilo Peçanha e inserir-se num ambiente novo e inseguro, ligado a uma outra esfera de poder. Na falta de um meio intelectual independente, suficientemente desenvolvido para criar o seu público e garantir a sobrevivência material e a visibilidade de seus agentes, o vínculo direto ao Estado era a saída mais acessível. Em muitos casos, o jornalismo não bastava: era indispensável o emprego público. Em outros, este poderia ser dispensado, mas não as relações "cordiais" com os dirigentes políticos, que asseguravam o poder de barganha e a respeitabilidade dos intelectuais, em

---

35. *Apud* Marieta de Moraes Ferreira, *cit.*, p. 111.
36. *Cf.* Francisco de Assis Barbosa, *cit.*, pp. 33-4.

seu meio tão competitivo. Com isso, literatos e jornalistas compunham uma rede de relações perigosas com o poder público, cujos reflexos nas práticas e concepções mais específicas de suas atividades ainda precisam ser investigados. Uma consulta à Coleção Nilo Peçanha, do Arquivo Histórico do Museu da República, no Rio, permite uma boa visualização dessa rede. Há dezenas de cartões de visitas de escritores e jornalistas em atividade na capital federal, entregues a Nilo Peçanha em diversas ocasiões; no verso, pedidos, recomendações, lembranças, parabéns e elogios vários. E há também incontáveis bilhetes e cartas de apresentação enviados ao chefe político por alguns dos nomes mais respeitados da República das Letras, como Coelho Neto, João do Rio, Alberto de Oliveira e assim por diante. Entre estes, encontra-se um bilhete de Raul de Leoni, em papel timbrado do Ministério das Relações Exteriores, apresentando ao então senador o amigo Ildefonso Falcão, com data de 26 de setembro de 1919:

Dr. Nilo,

Aí vai o nosso grande amigo e conterrâneo Falcão. Como sabe, ele acaba de chegar de Barbados, onde teve ocasião de prestar ao País os mais notáveis serviços, em defesa dos interesses brasileiros, conforme consta de documentos existentes nesta Secretaria [do Ministério das Relações Exteriores]. A sua ação inteligente e equilibrada valeu-lhe um admirável conceito nesta

casa. Ouso pedir-lhe agora, mais uma vez, a sua atenção para este amigo, que, por todos os títulos, merece a sua proteção. Ele conversará com o Sr.
Lembranças afetuosas a D. Anita.
Do afilhado e amigo,

Raul de Leoni.

Como se vê, o bilhete ao padrinho, com recomendações à sua esposa, seguia no mesmo papel timbrado dos ofícios do Ministério[37]. E a recompensa merecida por um bom funcionário era, supostamente, a "proteção" do chefe. O poeta Ildefonso Falcão, que mais tarde se incorporaria ao grupo modernista de Graça Aranha, Ronald de Carvalho e Renato de Almeida, estava insatisfeito com seu cargo de Auxiliar de Terceira Classe, no Itamaraty, e assim lhe pareceu natural recorrer ao amigo influente junto ao ex-ministro[38].

Normalmente, era conforme a lógica dessa rede que se distribuíam as adesões políticas dos intelectuais, em momentos de disputa eleitoral. Assim, entre 1921 e 1922, a rivalidade entre "nilistas" e "bernardistas" contribuiu para afastar Raul de Leoni do modernismo paulista, apesar

---

37. Coleção Nilo Peçanha, Arquivo Histórico do Museu da República, lata 25.
38. Na lata 24 da Coleção Nilo Peçanha encontra-se uma carta de Ildefonso Falcão enviada de Barbados ao chanceler brasileiro, datada de 29 de agosto de 1918, pedindo uma promoção.

de suas relações de amizade tão intensas com Sérgio Buarque de Holanda, Di Cavalcanti, Ribeiro Couto e Manuel Bandeira. Em fevereiro de 1922, o poeta fluminense trabalhava para a candidatura que seria "barrada" no Teatro Municipal de São Paulo pela própria Semana de Arte Moderna. Seguiu-se a derrota de Nilo Peçanha em 1º de março, num clima de forte crise política, com denúncias de fraude em todo o país e ameaças de rebelião militar. *Luz mediterrânea* chegou às livrarias justamente no apogeu da crise, por volta do 5 de julho – a data do massacre dos 18 do Forte, em Copacabana[39].

O livro foi recebido com entusiasmo em todos os *fronts* da luta literária. Houve manifestações elogiosas de conservadores como Alberto de Oliveira, bardo parnasiano, e Nestor Vítor, ligado aos simbolistas, mas também de críticos mais jovens e abertos ao movimento renovador, como Tristão de Ataíde (Alceu Amoroso Lima) e Agrippino Grieco. Os amigos do autor contam que ele colecionou as muitas resenhas num caderno de recortes, com o título fanfarrão de "Livro dos elogios", que gostava de mostrar a todos.

Por essa altura, Raul de Leoni estava empregado como inspetor de seguros, mas muito em breve seria obrigado a se afastar do trabalho e do Rio. Em princípios de 1923 apareceram os

---

39. Raul de Leoni. *Luz mediterrânea*. Rio de Janeiro: Jacinto Ribeiro dos Santos, 1922.

primeiros sinais da tuberculose, e ele se retirou para Petrópolis, em busca de melhores ares. Estabeleceu-se em Itaipava; nos últimos anos mudou-se com a esposa para um casarão cor-de-rosa na mesma localidade, logo batizado como Vila Serena. A cor era a sua preferida, e o nome evocava a "serenidade indiferente" que ele tanto exaltava em *Luz mediterrânea*. Assim, o poeta das "ideologias claras e espontâneas" era forçado a deixar o centro das atenções e ingressar na meia-luz a que também estavam condenados dois de seus amigos de boemia: Manuel Bandeira já era velho companheiro da tísica, e Ribeiro Couto se tratava no sul de Minas, depois de um violento surto. A correspondência entre eles, conservada no Arquivo-Museu de Literatura Brasileira, nos dá notícias do seu amigo petropolitano; "E o Raul? Sabe que está *tub.*?" – escreveu Ribeiro Couto a Manuel Bandeira[40]. A abreviatura, *chic*, indica a interessante mistura de bom humor, romantismo e frivolidade com que esse grupo marginalizado encarava a sua doença tão fora de moda. Mas Raul de Leoni se recusava a entrar no clima; Manuel Bandeira conta que ele simplesmente não admitia para os amigos que estivesse doente: "Lembro-me da indignação com que recebeu de Ribeiro Couto, tuberculoso confesso, um cartão postal em que o amigo lhe per-

---

40. Coleção Ribeiro Couto, Arquivo-Museu de Literatura Brasileira, Fundação Casa de Rui Barbosa, Correspondência com Manuel Bandeira; carta enviada de S. Bento do Sapucaí (MG), sem data, datável de março ou inícios de abril de 1923.

guntava, bem humorado e brincalhão: 'Como vai essa tuberculose?'"[41] Em 1925, ainda dizia ao visitante Afonso Arinos: "Lá no Rio inventam que estou doente, mas não..."[42]

Recusando-se a admitir a doença, também não aceitava tratar-se. Muitos se lembram dos descuidos de Raul de Leoni nesse período, em Petrópolis. Manuel Bandeira certa vez comentou com Rodrigo M. F. de Andrade: "O Raul é muito inteligente como poeta, mas como doente é burríssimo!"[43] O ex-boêmio tampouco se acomodou aos horários de uma pessoa enferma – sempre que tinha companhia, ficava nos bancos de praça até altas horas da madrugada, em excitadas conversações, que se tornaram mais freqüentes quando o velho amigo Ribeiro Couto decidiu também buscar a convalescência em Petrópolis, hospedado no quarto de Manuel Bandeira. Em carta escrita a seu anfitrião quase trinta anos depois, ele se recordava de "Raul de Leoni fazendo conferência às três da manhã"[44].

---

41. Manuel Bandeira. "Raul de Leoni". Texto inédito escrito para o programa Grandes Poetas do Brasil, da Rádio Roquette-Pinto; originais datilografados na Coleção Manuel Bandeira, Arquivo-Museu de Literatura Brasileira, Fundação Casa de Rui Barbosa.

42. A. A. de Melo Franco, *cit.*, p. 213.

43. Depoimento de Rodrigo M. F. de Andrade a Germano de Novais, *cit.*, p. 180.

44. Coleção Ribeiro Couto, Arquivo-Museu de Literatura Brasileira, Fundação Casa de Rui Barbosa, Correspondência com Manuel Bandeira; carta datada de Belgrado, 18 de maio de 1952.

Foram as conversas evocadas pelo poeta em sua "Elegia para Raul de Leoni em Trieste":

Ó conversas de dois amigos de vinte anos,
Noites inteiras, até a hora em que amanhece,
Nós por Petrópolis friorenta e adormecida
A dizer versos em voz alta, a fazer planos,
Viagens futuras, capitais européias – a vida,
A vida com a mão repleta de presentes,
A vida toda para vivermos, oferecida
Aos nossos olhos incontentáveis de adolescentes![45]

Depois de tantos anos, a saudade do amigo morto de verdade permitiu que Ribeiro Couto finalmente admitisse em versos que, naquele tempo, confiava-se na cura – apesar de sua poesia na época fazer muitas vezes uma verdadeira invocação da tísica, romântica e decadentista, como no poema "Noite monótona de um poeta enfermo", do *Jardim das confidências*: "Longe, pensando nele, há uma velha que reza." Para Raul de Leoni, porém, a confiança era quase absoluta: sequer lhe passava pela cabeça a idéia de morrer jovem e sem concluir o seu projeto de "ator e espectador do drama humano" ["Gaia ciência"]. Sérgio Buarque de Holanda guardou uma impressão forte dessa fé: "A doença para ele era uma humilhação. Não fazia romantismo dela. Até irradiava um certo otimismo. Não lhe

---

45. Ribeiro Couto. "Elegia para Raul de Leoni em Trieste". In: R. Couto. *Longe*. Lisboa: Livros do Brasil, 1961, pp. 86-7.

parecia tão perigosa assim... Andava muito de bicicleta. Era imprudente, a meu ver, porque essa posição de busto inclinado não era nada apropriada para ele. Raul não ligava. Seu amor ao atletismo, ao esporte, perdoava-lhe tudo."[46]

Afastado da boemia, o poeta não se afastou completamente do jornalismo. Continuou a publicar artigos nos jornais do Distrito Federal, sobretudo em *O Jornal*, recém-adquirido por Assis Chateaubriand, que contava em seus quadros o amigo Rodrigo M. F. de Andrade. Pelo depoimento de Rodrigo a Germano de Novais, temos uma idéia do quanto pesava a Raul de Leoni o exílio serrano, longe dos companheiros: "Gastava fortunas com telefonemas interurbanos."[47] Manuel Bandeira, Afonso Arinos e Sérgio Buarque de Holanda, em diferentes reminiscências, falam do entusiasmo com que ele conversava com os que subiam a serra para visitá-lo em Itaipava. Mas nem os telefonemas, nem a estrada de ferro entre Rio e Petrópolis puderam evitar que o poeta se tornasse um *outsider* num meio literário que se transformava em ritmo vertiginoso. Passou ao largo, por exemplo, dos dois grandes acontecimentos literários de 1924: primeiro, o ruidoso rompimento de Graça Aranha com a Academia Brasileira de Letras; depois, o lançamento da revista modernista *Estética*, diri-

---

46. Depoimento de Sérgio Buarque de Holanda a Germano de Novais, *cit.*, p. 39.

47. Depoimento de Rodrigo M. F. de Andrade a Germano de Novais, *cit.*, p. 51, nota 52.

gida por Sérgio Buarque de Holanda e Prudente de Moraes Neto. No ano seguinte, também assistiu de longe à ruptura dos modernistas de São Paulo (e seus representantes no Rio) com o grupo liderado pelo autor de *Canaã*[48]. Quanto a seus vínculos com o poder estadual, pouco restava: depois de 1922, o "nilismo" praticamente se extinguiu, com a intervenção federal no Rio de Janeiro e o estado de sítio declarados por Artur Bernardes. Além disso, Nilo Peçanha morreu em 31 de março de 1924; Raul de Leoni foi representado no enterro por um amigo[49].

Mas de modo nenhum se pode dizer que o poeta estava esquecido. Uma prova engraçada

---

48. Em carta a Ribeiro Couto, Manuel Bandeira conta que Ildefonso Falcão, por exemplo, ficou indignado com as críticas a Graça Aranha veiculadas pelo último número da *Estética*: "O Ildefonso desenhou um bruto B antes do E de *Estética* e anda com o exemplar da revista pela cidade, exibindo a *Bestética*. É boa!"; Coleção Manuel Bandeira, Arquivo-Museu de Literatura Brasileira, Fundação Casa de Rui Barbosa, Correspondência com Ribeiro Couto, carta de 17 de setembro de 1925.

49. Coleção Nilo Peçanha, Arquivo Histórico do Museu da República, lata 32: "Livro de Presenças – Exéquias de Nilo Peçanha"; o nome de Raul de Leoni aparece registrado por Henrique Serpa, "de Itaipava". Dois anos depois, com a doença avançada, o afilhado participaria das homenagens à memória do político através de um artigo publicado em *O Jornal* de 31 de março de 1926, pintando um retrato meio nietzschiano de Nilo Peçanha: "Diletante da ambição, *virtuose* do empirismo e da intuição, voluptuoso do movimento e da aventura, artista de atitudes violentamente coloridas, esse homem teve, de fato, todas as virtudes ativas que empolgam o psiquismo das multidões."

disto é o fato de ele ter obtido a quinta colocação no concurso do "Príncipe dos Poetas Brasileiros" promovido em 1924 pela *Fon-fon*; Raul de Leoni empatou com o hoje ignorado Luís Carlos, atrás de Alberto de Oliveira, o grande vencedor, Hermes Fontes, Augusto de Lima e Martins Fontes. Ele e Ronald de Carvalho, que chegou em sexto, eram os únicos dentre os primeiros colocados que não poderiam ser identificados com o grupo mais retrógrado de parnasianos e neoparnasianos. Dos 430 intelectuais, editores e jornalistas que compunham o "colégio eleitoral", sete votaram em Raul de Leoni: Paulo Silveira, Sérgio Buarque de Holanda, Wladimir Bernardes, Henrique Pongetti, Caio de Melo Franco, Edmundo da Luz Pinto e Dicésar Plaibart[50]. Destes, os dois primeiros eram notórios modernistas. Paulo Silveira, que por esse tempo já era um divulgador das idéias de Marinetti e do fascismo italiano, justificou seu voto num artigo agressivo, com ataques a Alberto de Oliveira, "o ereto sentinela do parnasianismo"[51].

A partir de 1925, o estado de saúde de Raul de Leoni piorou mais e mais. Manuel Bandeira

---

50. O resultado foi publicado na edição da *Fon-fon* de 20 de setembro de 1924; Alberto de Oliveira ganhou disparado, com 154 votos. Foi o segundo concurso do gênero promovido pela revista; o primeiro, em 1913, dera o galardão de príncipe dos poetas a Olavo Bilac.

51. Paulo Silveira. "Coroando o Rei Alberto". In: P. Silveira. *Asas e patas, cit.*, p. 168; artigo originalmente publicado em 1924.

deu notícias a Ribeiro Couto: "Raul de Leoni continua passando mal; a mulher teve um filho."⁵²
O menino, Luciano Raul, nascera em 28 de julho; o nome era uma homenagem a Luciano de Samósata – prova de que o poeta permanecia fiel às inspirações decadentistas de *Luz mediterrânea*, apesar das reviravoltas políticas e literárias dos anos de seu exílio serrano. Mas, à medida que a tuberculose avançava, o moral também ia ficando mais abatido; certa vez, o doente telefonou ao Dr. Leoni Ramos, no Rio, para confessar que estava viciado nos calmantes e para pedir a contratação de um enfermeiro⁵³. Nos últimos tempos, segundo Afonso Arinos, já não recebia os visitantes com a mesma atenção, e tornava-se cada vez mais arredio⁵⁴.

Sua atividade jornalística, porém, manteve-se intensa. Mesmo à distância, o poeta estava informado sobre os principais acontecimentos da época, o que se pode comprovar através dos vários artigos que publicou em *O Jornal* nos primeiros meses de seu último ano de vida. Entre estes, dois em particular nos revelam uma perspectiva sombria de suas inclinações políticas naquele momento crucial da República Velha. O

---

52. Coleção Manuel Bandeira, Arquivo-Museu de Literatura Brasileira, Fundação Casa de Rui Barbosa, Correspondência com Ribeiro Couto, carta datada pelos arquivistas de 1925.
53. Ver o depoimento de Rodrigo M. F. de Andrade a Germano de Novais, *cit.*, p. 51, nota 52.
54. A. A. de Melo Franco, *cit.*, pp. 213-4.

primeiro, "A praga mongólica", marca o seu violento engajamento na campanha contra a imigração japonesa para o Brasil, com base em argumentos de fundo racista[55]. O outro, "A águia ferida", comenta o atentado sofrido semanas antes por Benito Mussolini – que o articulista definia como "poeta-trágico da ação", "esteta do perigo" e "alma temperada na forja nietzschiana"[56]. Menos de dois meses depois, no entanto, o articulista voltaria à carga defendendo o ídolo Anatole France – escritor de simpatias socialistas, "o doce, o imortal professor de resignação, de graça triste e de doçura humana" –, que tinha sido atacado numa biografia indiscreta[57].

É surpreendente que em meio à piora, atestada por todos os amigos que deixaram reminiscências desse período, Raul de Leoni tenha ido ao Rio em maio de 1926 para assistir a uma das conferências cariocas de Marinetti, no Teatro Lírico. Foi acompanhado de velhos amigos da *Fon-fon*: Américo Facó e Cláudio Ganns. Consta que seguiu depois até o escritório de advocacia de Ganns, onde teria redigido de um só fôlego

---

55. Raul de Leoni. "A praga mongólica". In: *O Jornal*, Rio de Janeiro, 20 de abril de 1926.

56. Raul de Leoni. "A águia ferida". In: *O Jornal*, Rio de Janeiro, 22 de abril de 1926.

57. Raul de Leoni. "'Anatole France en pantoufles'. A perfídia de um *valet de chambre*". In: *O Jornal*, Rio de Janeiro, 8 de junho de 1926; artigo reproduzido em *Autores e Livros* 15, *loc. cit.*, p. 303; e Raul de Leoni. *Trechos escolhidos*. Por Luiz Santa Cruz. Col. Nossos Clássicos. Rio de Janeiro: Agir, 1961, pp. 93-100.

seu conhecido artigo sobre o líder futurista – em que defendia o vanguardista italiano dos ataques que vinha sofrendo no Rio e em São Paulo, ainda que com reservas ao que lhe parecia ridículo ou exagerado[58].

Mas o poeta que nesse artigo exaltava a "intensidade dinâmica" da vida moderna tinha então a morte pela frente. Ao que parece, finalmente, assumiu uma postura de fato serena perante os acontecimentos de sua vida pessoal. "Quando Raul de Leoni se compenetrou do fim próximo" – escreveu Rodrigo M. F. de Andrade – "adquiriu a mais profunda serenidade. Discorreu tranqüilo sobre o que se passava, ditou metodicamente as suas últimas disposições e, interrogado sobre o destino da sua obra literária, concordou no alvitre de se lhe reeditar a *Luz mediterrânea*"[59]. Nessas disposições finais, transmitidas à esposa, incluía-se um bilhete: "Se eu morrer, entregue o meu livro ao Rodrigo, o homem de mais caráter que eu já conheci." Mas também determinou que seus inéditos fossem queimados; só uns poucos originais foram sal-

---

58. Raul de Leoni. "Marinetti". In: *O Jornal*, Rio de Janeiro, 29 de maio de 1926; artigo reproduzido em *Autores e Livros* 15, *loc. cit.*, p. 299; e Raul de Leoni. *Trechos escolhidos*, cit., pp. 82-8.

59. Rodrigo M. F. de Andrade. "Prefácio" [à segunda edição de *Luz mediterrânea*]. In: Rodrigo M. F. de Andrade. *Rodrigo e seus tempos. Coletânea de textos sobre artes e letras*. Rio de Janeiro: Ministério da Cultura/Fundação Nacional Pró-Memória, 1986, p. 293; originalmente publicado em 1928.

vos, alguns pela mão de Rodrigo, outros através de Agrippino Grieco.

Nos momentos finais, segundo a esposa, pediu que chamassem o frei Luiz Reinke para assisti-lo na sua morte; era um franciscano, velho amigo da família. Discute-se muito, por isso, se ele teria se aproximado por fim do catolicismo; mas a viúva, D. Ruth, negava que essa aproximação fosse mesmo séria: "Frei Luiz visitava-o com uma bondade extraordinária. Não sei se Raul chegou a se confessar. Penso que não. Ia, uma vez ou outra, à missa, em Itaipava. Nunca falava mal da religião. Todavia, nos seus últimos anos, não mais comungou."[60] Raul de Leoni morreu no dia 21 de novembro de 1926, em casa, às dez horas da manhã, segundo o atestado de óbito. O filho, de saúde muito frágil desde o nascimento, viria a morrer alguns anos depois, em 7 de setembro de 1929, com apenas quatro anos, de complicações decorrentes de uma amidalite.

D. Ruth não se casou novamente. Numa manhã de novembro de 1975, octogenária, ela compareceu à inauguração do busto de seu marido em bronze, em Petrópolis, na Praça dos Expedicionários, junto à cerca do Museu Imperial. Quando lhe perguntaram sobre Raul de Leoni, respondeu: "Nós éramos muito jovens e ele partiu muito cedo. A imagem que dele trago

---

60. Depoimento de Ruth Gouveia de Leoni Ramos a Germano de Novais, *cit.*, p. 51.

é a de um belo rapaz. Quando revejo as poucas fotografias que ele deixou, eu, com tanta idade, imagino-o mais como filho ou neto do que como marido. Ele era muito bonito!"[61]

2

É difícil entender por que *Luz mediterrânea* teve tantos e tão variados leitores ao longo do século XX – e é difícil pelos mesmos motivos por que é fácil compreender a boa acolhida que o livro recebeu entre as elites da Primeira República. Sua linguagem sóbria e direta afastava o versejar empolado e tedioso dos epígonos do parnasianismo tardio, mas sem rupturas violentas e manifestações chocantes para o bom gosto e as boas maneiras. Com Raul de Leoni podia-se finalmente descer da torre de marfim sem dar na praça suja e confusa de um país que entrava na modernidade à força e sempre agarrado à sua velha tradição de exclusão social. O "Pórtico" da *Luz mediterrânea* dava para "os jardins atenienses da Ironia", onde era possível passear na companhia de um jovem culto e agradá-

---

61. Depoimento de Ruth Gouveia de Leoni Ramos citado em Joaquim Eloy Duarte dos Santos. "Prefácio". In: R. de Leoni. *Luz mediterrânea*. Edição comemorativa do centenário de Raul de Leoni. Revisão de Fernando Py; organização de Edith Marlene de Barros e Cesar Olímpio Ribeiro Magalhães. Petrópolis: Academia Petropolitana Raul de Leoni, 1995, p. 30.

vel, "um espírito flexível e elegante" que dominava o verso e as idéias com a destreza "dos grandes acrobatas audaciosos / e dos malabaristas de punhais" ["Mefisto"]. A opção pela iluminação mediterrânea, suave, temperada, parecia falar direto ao coração daqueles que se sentiam nostálgicos de sua confortável fé nos valores e modelos importados da Europa, tão abalados depois da guerra de 1914-1918. Além disso, a preocupação com "todas as seleções do gênio ariano" – também expressa logo no primeiro poema – vinha defender a supremacia da raça branca e atender ao racismo de cariz cientificista, tão difundido na intelectualidade brasileira da época, educada nos preconceitos de Gobineau e ainda presa à sociologia biológica de Le Bon, Sighele e Tarde, campeões das faculdades de Direito e Medicina.

O "paganismo" ostentado desde o primeiro verso do livro representava muito mais do que uma simples identificação com o espírito laico da Primeira República. Faunos, ninfas e divindades do panteão antigo estavam de volta à poesia desde as duas últimas décadas do século XIX. A atração por esse imaginário risonho e lascivo era um ponto em comum entre parnasianos e simbolistas. O decadentismo que marcou a virada do século não deixou de incorporá-lo alegremente, muitas vezes sob a inspiração da leitura um tanto apressada de autores de sucesso como Renan, Symonds, Burckhardt e até Nietzsche. Identificava-se com a Grécia, mas não a do apogeu, e sim a dos períodos crepusculares: o helenístico e o alexandrino; da mesma forma, idealizava os ritos pagãos de Roma, mas não o da era de Augusto, e sim o que sobreviveu no Império à margem do oficialismo cristão. Eram parâmetros com os quais se acomodava e ao mesmo tempo se denunciava a mediocridade do mundo liberal-burguês do Oitocentos. Raul de Leoni não escapou à moda; fechava o seu "Pórtico" "sorrindo da palavra nazarena", serenamente cético perante as promessas do cristianismo. Em "Florença", cedia ao furor turístico por aquela que para ele era "a mais humana das cidades vivas" e "a mais divina das cidades mortas". Da mesma forma, no seu soneto "Maquiavélico", imaginava sua alma como "filha do idealismo epicurista, / formada na moral da Renascença".

Os mais jovens decerto ficaram entusiasmados com essa filosofia da decadência que, no entanto, era uma exaltação da juventude e da ação, pela voz de um admirador de Nietzsche que dizia sair "para a Vida" a cada manhã "levando uma alma nova e um sorriso na face" ["Gaia ciência"]. Para eles, era muito bem-vinda a glorificação do instinto, "pura sabedoria natural / que move os seres pelo coração" ["Instinto"]. No século do progresso, do *fox-trot* e do cinematógrafo, era preciso agarrar as oportunidades sem vacilar. E afinal aparecia alguém para lhes fazer a defesa dos cinco sentidos, abandonando o racionalismo oitocentista, que não dava mais conta de acompanhar o ritmo acelerado da vida moderna: "Pratica os teus sentidos nobremente / na sensação das cousas belas e harmoniosas / e assim educarás uma alma linda, / parecida com tudo que sentires" ["Do meu evangelho"]. Em suma, o poeta poderia ter dito: *mens sana in corpore sano* – para uma geração que vivia numa cidade realmente maravilhosa, entregava-se às diversões ao ar livre, vibrava com as competições de remo e descobria a paixão carioca pelos banhos de mar.

A esses mesmos jovens – como ele – sua poesia recomendava a fruição das alegrias da vida sem maiores inquietações metafísicas: "E vive assim... Como filosofia / o prazer (...) / e um gesto irônico ao que não alcanças!" ["Et omnia Vanitas"]. Se tudo é vaidade, o melhor é aproveitar. Nota-se aí que o "paganismo" da *Luz mediterrânea* é mais do que um tópico literário. Corresponde a uma atitude coletiva que vemos se difundir entre as novas gerações da elite fluminense em princípios do século, ansiosas para testar o seu hedonismo diletante, aceitar a sedução erótica da cidade moderna, afirmar a beleza de seus corpos e a doçura de seus ideais. Neste sentido, ele não deixa de guardar certa semelhança com o "paganismo" identificado por Nicolau Sevcenko na São Paulo do pós-guerra: uma "disposição de ânimo" que "evoca o primado do físico sobre o espiritual, do aqui e do agora sobre o lá e o após, do holístico sobre o heurístico, das forças inexoráveis sobre o indivíduo e o livre-arbítrio, da ação sobre o pensamento, do instinto sobre a consciência"[62].

Distração era a palavra-chave dessa filosofia de vida, como podemos ver numa série de quatro sonetos lapidares que se sucedem, ao aproximar-se o final da *Luz mediterrânea*. "Exortação" é o primeiro:

> Deixa-te ser!... E vive distraído
> Do enigma eterno sobre que repousas,
> Sem nunca interpretar o seu sentido!

Segue-se o "Egocentrismo":

> Tudo o que te disserem sobre a Vida,
> Sobre o destino humano, que flutua,
> Ouve e medita bem, mas continua
> Com a mesma alma liberta e distraída!

"Sabedoria" é o único que não refere a palavra diretamente, mas parece que a tem na ponta da língua:

> Não sofras mais à espera das auroras
> Da suprema verdade a aparecer:
> A verdade das cousas é o prazer
> Que elas nos possam dar à flor das horas...

"Et omnia Vanitas" encerra o ciclo:

> Ama as cousas inúteis! Sonha! A Vida...
> Viste que a Vida é uma aparência vaga
> E todo o imenso sonho que semeias,

---

62. Nicolau Sevcenko. *Orfeu extático na metrópole. São Paulo, sociedade e cultura nos frementes anos 20.* São Paulo: Cia. das Letras, 1998, p. 35.

Uma legenda de ouro, distraída,
Que a ironia das águas lê e apaga,
Na memória volúvel das areias!...

Sob muitos aspectos, portanto, a poesia de Raul de Leoni se identificava com a "legenda dourada" das elites, principalmente as urbanas. Parecem pertencer a essa linha os poemas de maior pretensão filosófica, que predominam em *Luz mediterrânea*. Daí a dificuldade de entender a recepção favorável que o livro mereceu junto a um público muito mais amplo e, além disso, distante do clima intelectual e político dos anos 1920 – visto que o sucesso de vendas só se tornou de fato notável a partir da terceira edição, de 1940, e sobretudo da quarta, de 1946.

Dos anos 1960 para cá, a crítica passou a valorizar menos o tom filosofante em Raul de Leoni, chamando a atenção para outras facetas de sua obra. Tem sobressaído mais a vertente "crepuscular" de poemas como "Noturno", "Melancolia" e "A hora cinzenta", que às vezes aproximam o autor da tendência conhecida como "penumbrismo"[63]. Neles, a iluminação artificial do Mediterrâneo parece declinar, e o poeta se libera da tentativa de expor um pensamento, numa poesia que dispensa o cenário de estereótipos

---

63. O termo foi cunhado por Ronald de Carvalho a propósito da poesia de Ribeiro Couto, um dos maiores interlocutores de Raul de Leoni; mais tarde, generalizou-se através de um estudo de Rodrigo Octavio Filho; *cf.* Norma Goldstein. *Do penumbrismo ao modernismo. O primeiro Bandeira e outros poetas significativos*. São Paulo: Ática, 1983.

clássicos e manifesta uma percepção das coisas e da vida bem mais imediata e perplexa. Foi principalmente esse lado que interessou a críticos como Carlos Felipe Moisés, Antônio Houaiss e Leyla Perrone-Moisés[64].

Contudo, não há dúvidas de que a consagração inicial se alimentou muito mais daquela espécie de classicismo moderno de "Pórtico", "Maquiavélico" e mesmo da "Ode a um poeta morto", bem como da inclinação filosofante dos sonetos lapidares citados acima. Na fortuna crítica de Raul de Leoni, prevaleceu largamente a opinião expressa por Rodrigo M. F. de Andrade em seu prefácio à edição de 1928, segundo a qual ele foi, entre nós, "o único poeta de emoção puramente filosófica"[65]. A primeira recepção, em 1922, já insistia sobre esse ponto. Agrippino Grieco saudou a "triunfante estréia" de Raul de Leoni situando-o entre aqueles que pretendiam "mediterranizar o verso" e louvando o seu "ati-

---

64. Ver: Carlos Felipe Moisés. "Poesia 'filosófica': Raul de Leoni". In: C. F. Moisés. *Poesia e realidade. Ensaios acerca de poesia brasileira e portuguesa*. São Paulo: Cultrix/Secretaria da Cultura, Ciência e Tecnologia do Estado de São Paulo, 1977, pp. 117-22 (originalmente publicado em 1962); Antônio Houaiss. "Trigésimo oitavo aniversário da morte de Raul de Leoni". In: *Correio da Manhã*. Rio de Janeiro, 21 de novembro de 1964; e Leyla Perrone-Moisés. "Raul de Leoni, um poeta de retaguarda". In: L. Perrone-Moisés. *Inútil poesia e outros ensaios breves*. São Paulo: Cia. das Letras, 2000, pp. 199-206.

65. Rodrigo M. F. de Andrade. "Prefácio", *cit.*, p. 294.

cismo"⁶⁶. Alberto de Oliveira publicou uma carta aberta no *Jornal do Commercio* com elogios ao jovem "filósofo voltado introspectivamente sobre si mesmo"⁶⁷. O próprio Rodrigo assinalou no autor o seu "alto pensamento, traduzido em uma grande música"⁶⁸. Para Cláudio Ganns, tratava-se de "um dos mais perfeitos intérpretes em terras da América das formosas tradições da civilização latina"⁶⁹. Na mesma linha, Osvaldo Orico se deixou seduzir pelos "coloridos raros de civilizado" que encontrara no livro⁷⁰.

A simples enumeração desses nomes – rivais entre si – mostra que suas avaliações, no caso da *Luz mediterrânea*, não dependiam do acirramento das posições literárias depois da eclosão do modernismo. Da mesma forma, nota-se de parte a parte a boa impressão causada justamente por aquilo que hoje nos enche de repugnância e pareceu tão desagradável a Leyla Perrone-Moisés: "o elogio da raça ariana e o

---

66. Agrippino Grieco. "Raul de Leoni". In: A. Grieco. *Caçadores de símbolos*. Rio de Janeiro: Leite Ribeiro, 1923, pp. 281-7; originalmente publicado em 1922.
67. Alberto de Oliveira. "Carta a Raul de Leoni". In: *Autores e Livros* 15, *loc. cit.*; originalmente publicada no *Jornal do Commercio* de 24 de agosto de 1922.
68. Rodrigo Melo Franco de Andrade. "Raul de Leoni". In: Rodrigo M. F. de Andrade. *Rodrigo e seus tempos*, *cit.*, p. 244; resenha originalmente publicada em 1922.
69. Cláudio Ganns. "*Luz mediterrânea*". In: *Autores e Livros* 15, *loc. cit.*; resenha originalmente publicada na *Fon-fon* de 29 de julho de 1922.
70. *Apud* Germano de Novais, *cit.*, p. 105; resenha originalmente publicada em *O Dia* de 16 de agosto de 1922.

eugenismo com ranços de Gobineau"⁷¹. Agrippino Grieco escreveu que a pátria de Raul de Leoni era Florença, "a sede do gênio ariano, o que já acentuara, *cum grano salis*, o pitoresco Gobineau"⁷². Tristão de Ataíde observou, sem reservas, que se tratava de um livro "impregnado de arianismo"⁷³. Paulo Silveira resumiu e radicalizou essas observações saltando do livro para o autor sem a menor cerimônia: para ele, Raul de Leoni "é o tipo civilizado, o louro ariano, a alma estética do dolicocéfalo, que sente as sutilezas do pensamento e compreende a histeria das paisagens. É um poeta de raça"⁷⁴.

Civilização e "arianismo", como se vê, eram noções perigosamente enlaçadas para a República das Letras, no Brasil dos anos 1920. A primeira recepção de *Luz mediterrânea* não deixou de ressaltar esse enlace, que pouco antes tinha sido consagrado também sob a ótica de Oliveira Viana, em seu primeiro clássico, *Populações meridionais do Brasil*, publicado em 1920. Na mesma época, como é sabido, muitos intelectuais e jornalistas estavam engajados na polêmica sobre os estímulos federais à imigração,

---

71. L. Perrone-Moisés. "Raul de Leoni, um poeta de retaguarda", *cit.*, p. 203.

72. Agrippino Grieco. "Raul de Leoni", *cit.*

73. Tristão de Ataíde (Alceu Amoroso Lima). "Estudos 1923, VII". In: A. A. Lima. *Estudos literários*. Rio de Janeiro: Aguillar, 1966, p. 800; resenha originalmente publicada em 1º de abril de 1923.

74. Paulo Silveira. "Coroando o rei Alberto", *cit.*, p. 174.

tendo como pano de fundo a necessidade de "branquear" o brasileiro com a atração de raças supostamente superiores. Médicos e sanitaristas defendiam os princípios da eugenia como panacéia da civilização, e o Dr. Miguel Couto liderava a campanha contra a imigração de japoneses para o Brasil. O artigo de Raul de Leoni a respeito não poderia ser mais agressivo; para ele, "irrecusáveis razões eugênicas" impunham "ao mundo branco, e particularmente no jovem mundo americano", uma campanha antinipônica[75].

Por décadas a fio a crítica parece ter protegido o poeta das idéias que apresentou nesse texto e em outros (como o já citado "A águia ferida", sobre Mussolini), recusando-se a verificar o quanto elas são coerentes com algumas facetas de sua obra poética, sobretudo com aquela que mais agradou a seus primeiros leitores. Chegou-se a supor que a virulência do artigo era um efeito da tuberculose em estado adiantado. É possível que o poeta estivesse perturbado pela doença e suas complicações, dado o fato de ter se viciado em calmantes, mas não se pode atribuir a isto todas as suas teorias. Por outro lado, o que talvez seja mais difícil ainda de enfrentar é o fato de o racismo cientificizante de Raul de Leoni não ser uma exclusividade sua e sim uma regra nos meios intelectuais brasileiros nas primeiras décadas do século XX, mesmo entre os mestiços[76].

---

75. Raul de Leoni. "A praga mongólica", *loc. cit.*

76. Quanto à campanha antinipônica, nem mesmo Sérgio Buarque de Holanda se mostrou infenso; Francisco de

Nos anos 1920, porém, essa regra começou a ser posta em questão, principalmente por aqueles que absorveram melhor o golpe sofrido em seus conceitos de civilização com a barbárie da Primeira Guerra Mundial, na Europa. O modernismo paulista foi decisivo para esse questionamento – e não é mera coincidência que o deputado federal Carlos de Moraes Andrade, irmão de Mário de Andrade, tenha sido um paciente defensor da imigração japonesa diante dos argumentos eugenistas de Miguel Couto, Oliveira Viana e outros[77]. A facção nacionalista e protofascista que Plínio Salgado reuniu no grupo Anta era também favorável ao abandono dos preconceitos de raça. E mais para o final da década Gilberto Freyre, Roquette-Pinto e outros divulgaram um manifesto a fim de banir o racismo das ciências sociais. Eram forças diferentes e por vezes antagônicas, mas em conjunto apostavam numa nova proposta de viabilidade para o Brasil, como civilização, independente dos critérios raciais do século XIX. Ainda assim, elas não conseguiram impedir que

---

Assis Barbosa conta que ele "havia escrito um longo trabalho sobre a imigração japonesa, que não chegaria a ser publicado. Sem chegar propriamente a uma conclusão, manifestava-se contrário a esse tipo de imigração"; F. de A. Barbosa, *cit.*, nota 8 à p. 30; de todo modo, como o teor desse trabalho é desconhecido, não se pode afirmar que o autor fundasse em princípios raciais ou eugênicos a sua oposição.

77. Algumas intervenções de Carlos de Moraes Andrade em plenário podem ser lidas em Miguel Couto. *Seleção social. A campanha antinipônica*. Rio de Janeiro: Pongetti, 1942, pp. 55 ss.

a Constituição de 1934 consagrasse alguns princípios da eugenia.

É inútil especular sobre a posição que Raul de Leoni tomaria nesse deslocamento, caso sobrevivesse à sua moléstia. Mas sua adesão aos valores eugênicos é indiscutível. O melhor exemplo é o soneto conhecido com os títulos de "Eugenia" ou "Argila", que é uma alegoria do casamento eugenicamente perfeito: "Se um dia eu fosse teu e fosses minha, / o nosso amor conceberia um mundo / e do teu ventre nasceriam deuses." Conta-se que ficou de fora da segunda edição de *Luz mediterrânea* para não ferir o catolicismo ou os ciúmes da esposa do poeta. No entanto, era conhecido de cor por todos os amigos de Raul de Leoni e, ao ser publicado pela primeira vez, foi imediatamente consagrado como um dos maiores sonetos da língua portuguesa – reputação que mantém até hoje, sem que a maioria dos críticos e leitores se aperceba de sua feição alegórica racista[78]. Um de seus

---

78. A primeira publicação de "Eugenia" se deu, até onde pude investigar, no *Álbum de Primeira*, brinde em fascículos distribuído quinzenalmente por *Primeira*, "a revista por excelência". Sob o título de "Soneto", ele apareceu no terceiro dos 24 fascículos que compõem o volume, juntamente com outros três sonetos de Olegário Mariano, Murilo Araújo e Hermes Fontes. Na breve apresentação, o redator da revista expressou o seu "preito de admiração" a Raul de Leoni, "o Poeta-perfeito, o grande morto!" [*Primeira*, Rio de Janeiro, 25 de agosto de 1927, p. 12]. O *Álbum de Primeira* se completou em 10 de julho de 1928, reunindo ao todo 96 sonetos brasileiros, na imensa maioria de

maiores admiradores foi o "mercador de livros" Carlos Ribeiro, da Livraria S. José, que o fez publicar duas vezes, primeiro em cartão de cortesia e depois em plaquete de luxo, no Natal de 1955, sob o título de "Eugenia"[79]. Segundo o testemunho de Carlos Maul, o autor hesitava entre três títulos: "Eugenia", "Perfeição" e "Argila"; "por fim, depois de longo debate, fixou-se no primeiro"[80]. Mais tarde, em sucessivas publicações póstumas, deu-se mais preferência ao nome "Argila" – que ao que parece tinha sido usado pela primeira vez na coletânea de inéditos de Raul de Leoni publicada em 1941 pelo suplemento *Autores e Livros*, do jornal carioca *A Manhã*. Era o título sugerido nos dois primeiros versos: "Nascemos um para o outro, dessa argila / de que são feitas as criaturas raras." Para Agrippino Grieco, tratava-se de "um maravilhoso soneto eugênico", e mais: "uma obra-prima que todos os brasileiros deveriam saber de cor"[81].

---

autores parnasianos ou neoparnasianos – notando-se a ausência de qualquer nome ligado mais diretamente ao modernismo; o poema de Raul de Leoni está na página 16.

79. Raul de Leoni. *Eugenia*. Rio de Janeiro: Philobiblion, 1955.

80. Carlos Maul. "História de um soneto de Raul de Leoni". In: *Revista da Academia Fluminense*. Vol. XIV. Rio de Janeiro, abril de 1970.

81. Agrippino Grieco. *Evolução da poesia brasileira*. Obras completas, vol. 2. Rio de Janeiro: J. Olympio, 1947, parte "Raul de Leoni", pp. 123-4; livro originalmente publicado em 1932; Grieco – amigo próximo de Leoni e sua

O soneto, porém, não é o único documento do eugenismo de Raul de Leoni, que já se verificava com clareza no "Pórtico" de *Luz mediterrânea*. Não só pela menção inicial às "seleções do gênio ariano", mas também pela exaltação do "perfil dólico-louro" dos imaginários habitantes da cidade ideal do seu pensamento. "Na nobre geometria do seu crânio" é um verso que revela um leitor apaixonado de Augusto dos Anjos, mas além disso indica sua adesão às teorias arianistas sobre as proporções cranianas do tipo dolicocéfalo: na sua cabeça alongada, o diâmetro transversal deve ser um quarto menor do que o longitudinal. Em "Sátira", os homens superiores são comparados a Gulliver, um gigante em meio à mesquinharia dos lilliputianos, "humanidade em miniatura", que urde suas intrigas à sombra do "passo distraído e imenso dos gigantes"; estes, porém, tratam seus inferiores com "um desprezo triunfal, / com essa tolerância azul das grandes raças". Nos últimos poemas, as preocupações raciais se mantêm e marcam outras composições além do celebrado soneto "Eugenia"; é o caso de "Síntese", com a reflexão sobre a geração presente como "síntese apurada" de suas antecessoras, mas num ciclo evolutivo em que o apogeu significa também princípio de declínio:

---

família – também se refere ao soneto, como Carlos Maul, com o título de "Eugenia": A. Grieco. "Semeador de harmonia e de beleza..." In: *Autores e Livros* 15, *loc. cit.*

> A Evolução!... E, com ela, melhoramos,
> Mas a Alma melhorando se enfraquece,
> Tal como a gota d'água que desfiamos,
> Que, quanto mais se apura, mais decresce.

Da mesma forma, em "Transubstanciação" (outro poema com característico sabor a Augusto dos Anjos), a decomposição do corpo humano serve ao aperfeiçoamento de outros seres, na "feraz embriogenia" com que a natureza transforma a matéria orgânica de um ser vivo na de outro:

> E, assim, irei buscando a Perfeição perdida,
> Vivendo na Emoção de seres diferentes,
> Que a Morte é a transição da Vida para a Vida...

Mas se hoje parece tão remoto e obsoleto esse conjunto de teorias evolucionistas, com suas conseqüências discriminatórias sob o aspecto racial, no tempo de Raul de Leoni ele representava para muitos a própria vertigem da modernidade, a reclamar um firme engajamento político. Nos Estados Unidos, fundou-se em 1926 a American Eugenics Society, que justificava a posição privilegiada das classes altas com base na sua dotação genética supostamente superior. Sob a orientação desse organismo de fachada científica a maioria dos estados americanos implementou leis de restrição à imigração de povos considerados inferiores, além de programas de esterilização involuntária de cidadãos com "estoque genético" indesejável. E a partir dos anos 1930, como se sabe, a eugenia se tornou também para a Alemanha nazista um assunto de Estado.

Felizmente, contudo, a poesia de Raul de Leoni e seu impacto nos anos 1920 não se resumiam a esse aspecto. Se, por um lado, a *Luz mediterrânea* caía como uma luva para certos anseios e preconceitos das elites republicanas, por outro ela desafiava toda a tradição dominante de excessos descritivos e subjetivistas do lirismo fácil, empolado e exterior. Naquele momento, essa linha atingira o seu apogeu: primeiro graças à diversificação dos veículos da imprensa periódica, com sua promessa de visibilidade e seu espaço de emulação; e depois porque o tempo era de disputa de meros epígonos, os do parnasianismo, num canto, e os do simbolismo, no outro. Nesse meio, a poesia de Raul de Leoni era quase tão estranha quanto a de Augusto dos Anjos, ainda que de uma estranheza diferente: de um modo geral, ela pode ser definida pela contenção verbal e emocional, contra o preciosismo vocabular que era então uma verdadeira praga, e também contra o derramamento e as expansões do puro confessionalismo lírico. No lugar do verbo cultivado e da rima rica, *Luz mediterrânea* apresentava uma espécie de *aurea mediocritas* lexical; nem a língua do Parnaso, nem o jargão das ruas: simplesmente a nitidez, a precisão e a economia de sua almejada serenidade clássica. E no lugar da superexposição do "eu", de suas vivências, aventuras e lamentos, o recurso mais direto às fontes da imaginação, ainda que disciplinado e ordenado. A partir daí se compreende melhor o funcionamento da ironia nesse poeta que conjugava Anatole France e Nietzsche: um pudor, como ele próprio afirmou, num contexto de evasão das certezas metafísicas e da busca de uma verdade fixa, substancial e apaziguadora:

> Ironia! Ironia!
> És a minha atitude comovida:
> O amor-próprio do Espírito, sorrindo!
> O pudor da Razão diante da Vida!
> ["Ironia!"][82]

Portanto, como postura de reserva ante os mistérios e as forças ignotas que movem o mundo e os destinos humanos, a ironia em Raul de Leoni é uma aceitação mais larga da vida presente e do presente da vida. Mas é também uma confissão: qual é o bom ironista que tem a todo o momento a palavra "ironia" nos lábios, além do sorriso ferino? Para Raul de Leoni, num meio infestado de versejadores pomposos, a atitude irônica sempre confessada de antemão era uma questão de decoro e até prudência perante a sociedade e as coisas do jeito que elas eram, e não de enfrentamento direto e corrosivo.

Alguns críticos da época viram nessa busca de equilíbrio sereno, ainda que irônico, um tra-

---

82. Note-se que um dos aforismos do "Diário do espírito" insiste na mesma idéia: "Ironia... ironia... Um sorriso constrangido da Dúvida, uma defesa da ignorância... uma dignidade despeitada do pensamento; um pudor da Razão."

ço de modernidade na obra de Raul de Leoni – inclusive em seus reflexos formais, como a espontaneidade dos versos, a rima ocasional e despretensiosa ou a métrica irregular e às vezes ambígua. Tristão de Ataíde, por exemplo, notou que o poeta "não se contenta absolutamente com a beleza convencional ou com as formas obsoletas, criando, pelo contrário, uma poesia espontânea e moderna em sua exposição impregnada de sensibilidade aguda e de pensamento profundo"[83]. Não se pode dizer que a primeira recepção da *Luz mediterrânea* tenha associado o livro a qualquer das correntes então em disputa no meio literário. Só muito mais tarde se impôs o anseio de classificação por estilos de época, o que assegurou à fortuna crítica de Raul de Leoni uma ampla variedade de rótulos contraditórios: parnasiano, neoparnasiano, simbolista, neo-simbolista, penumbrista ou, simplesmente, *faute de mieux*, pré-modernista. Predominou, no entanto, a associação de sua poesia com o parnasianismo e seus seguidores tardios, apesar de em vida do poeta essa co-relação só ter sido feita a propósito da "Ode a um poeta morto".

Retrospectivamente, a radicalidade do modernismo de 1922 ofusca as demais tentativas de superação da poética parnasiana. Isso dificulta o reconhecimento, hoje, de que Raul de Leoni nada tinha de "passadista", embora tampouco se identificasse com o "futurismo" pau-

---

83. Tristão de Ataíde (Alceu Amoroso Lima). "Estudos 1923, VII", *cit.*, p. 801.

lista, inclusive, como vimos, por sua posição na teia do clientelismo político. Ele próprio expôs suas críticas aos parnasianos num artigo de jornal bastante combativo: "O mau parnasianismo acabou por, degradando a Arte de sua alta virtude espiritualista e subjetiva, confrangê-la numa acanhada esfera de formalismo objetivo." Em seguida, ele apresentava as linhas gerais de uma alternativa: "Em que pesem, entretanto, alguns retardatários da pobre teoria, que ainda se contam às dezenas entre nós e alhures, já agora vai renascendo o conceito clássico segundo o qual uma verdadeira obra de arte há de sempre encerrar, se não um sentido eterno, pelo menos uma sugestão de ordem moral, um efeito qualquer, enfim, cujo interesse se propague para além dos sentidos. O drama musical de Wagner! O teatro ideológico de Ibsen, Maeterlinck e Curel! A escultura mental de Rodin! O poema social de Verhaeren e Whitman, para não citar mais, são em nossos dias a culminância do princípio."[84] Realmente, não se nota aí um programa de vanguarda, mas ainda assim não me parece correto situá-lo na retaguarda, pura e simplesmente – sobretudo se considerarmos a forte influência dos poetas citados, o belga e o americano, sobre modernistas notórios como Mário de Andrade e Ronald de Carvalho[85]. Ao

---

84. *Apud* Germano de Novais, *cit.*, pp. 167-8.
85. Uma posição diferente da minha é exposta por Leyla Perrone-Moisés em seu ensaio "Raul de Leoni, um poeta de retaguarda", *cit.*

que tudo indica, Raul de Leoni oscilava entre a admiração pela clareza formal do melhor parnasianismo do passado e a sensação de sua inexorável obsolescência no presente. É precisamente nessa oscilação que se manifesta a modernidade conservadora da *Luz mediterrânea*. Com as turbulências do século XX, aquela luminosidade clássica e serena ameaçava apagar-se, e o poeta fazia o possível para preservá-la, como quem tentasse em vão proteger a chama de uma vela dos ventos que entravam pela janela aberta.

A reação de Raul de Leoni às conferências de Marinetti no Rio, em 1926, também nos leva a repensar sua posição na luta literária do momento; em artigo a respeito, ele se mostrou compreensivo e até elogioso, embora expusesse prudentemente as suas reservas ao histrionismo do ideólogo italiano. Mais importante do que isto, no mesmo texto, Raul de Leoni revelava uma consciência acurada dos impasses da poesia na modernidade do século XX: "Futurismos, dadaísmos, traísmos, simultaneísmos, cubismos etc. etc., não são afinal mais do que sinais vagos, parciais, turvos, imprecisos, confusos, inquietos, ansiados, delirantes, pitorescos, talvez ridículos, mas extremamente expressivos todos, de uma só e mesma coisa, perfeitamente legítima, que é essa formidável agitação do espírito contemporâneo. São um índice dessa hora confusa e trepidante." Mais para a frente, ele parece esboçar o seu próprio programa: "A ciência moderna, provocando uma espantosa aceleração de todos os ritmos da vida exterior, criou logicamente para o homem uma necessidade de síntese extrema de todos os movimentos e operações do seu mundo psíquico. Obrigado a viver mais depressa, ele teve de sentir, de pensar e de agir mais depressa e, em conseqüência, de dar uma expressão mais rápida ao que sente, ao que pensa, ao que faz, ao que vive. Sua arte, para ser uma coisa viva, deverá ser, portanto, extremamente sintética, intensa, dinâmica, livre, consistindo, quase, em pura sugestão, em que se condense, no recorte de uma imagem, todo um mundo de idéias associadas. Economia de formas; Arte de um homem que não pode perder tempo interior."[86]

Não há razão para afastarmos uma hipótese de coerência entre essas palavras e a poesia da *Luz mediterrânea* ou os poemas inéditos incluídos na sua segunda edição. Antes de vincularmos Raul de Leoni ao "passadismo" apenas porque não aderiu ao verso livre ou à iconoclastia das vanguardas, seria interessante considerarmos se a sua concepção de uma arte "sintética, intensa, dinâmica, livre" não correspondia em muitos pontos à poesia que praticou, por seu despojamento, sua espontaneidade, seu alto poder sugestivo. E talvez o melhor de Raul de Leoni seja precisamente a confiança na força das imagens, a capacidade de condensação e evocação de todo um mundo particular "no recorte de uma imagem".

---

86. Raul de Leoni. "Marinetti", *loc. cit.*

Bom exemplo é o poema "Noturno", que relembra os primeiros deslumbramentos da infância, entre pinheiros que "pensavam cousas longas", ao luar que prateava "o verde malva das latadas", e ouvindo o grilo que, "roendo um som estridente, / arranhava o silêncio...". O desfecho é magistral:

> E, então, num silencioso desencanto,
> Eu fui adormecendo lentamente,
> Enquanto
> Pela fria fluidez azul do espaço eterno
> Em reticências trêmulas, sorria
> A ironia longínqua das estrelas...

No penúltimo verso, as estrelas são reticências; no último, a imagem pode ser visualizada na pontuação. A mesma perícia imagética comparece no primeiro soneto da "Felicidade": "És sombra e, refletindo-te, varias, / Como todas as sombras, pelo chão..."

Essa busca de precisão vocabular – e não de simples esplendor verbal – justifica o que sobre Raul de Leoni afirmou um modernista de relevo, Ronald de Carvalho: "cada poema seu é uma demonstração lógica"[87]. Outros dois autores decididamente ligados ao movimento renovador coincidiriam com Ronald também quanto à "inteligência geométrica" que este atribuía ao

---

87. Ronald de Carvalho. "Raul de Leoni". In: R. de Carvalho. *Estudos brasileiros*. Rio de Janeiro: Nova Aguilar, 1976, pp. 118-22, à p. 121.

poeta[88]; Rodrigo M. F. de Andrade assinalou que ele "nunca sacrificou à beleza, ao pitoresco ou à raridade da expressão a geometria precisa das idéias"[89]; e Agrippino Grieco insistiu no mesmo ponto, ao ressaltar sua escrita "entre metafísica e geométrica"[90]. Os três comentários apontam no classicismo da *Luz mediterrânea* um aspecto formal que não depende da fatura retórica da expressão nem do desempenho melódico dos versos, e sim da própria composição do poema como um todo, indicando por parte do autor uma percepção do significado da forma bem mais aguda que a dos neoparnasianos.

É notável que mesmo entre os primeiros poemas, que não se distinguem tão facilmente da rotina coeva, Raul de Leoni já dava mostras de seu *approach* geométrico. "Maio. Sol de Saint-Loup. Declina o dia" é uma abertura muito expressiva, neste sentido. Também esta observação sobre as ironias da natureza, de sabor "conceitista":

> Como cavou o Abismo nas entranhas,
> Para dar mais relevo e mais alcance
> À soberba estatura das montanhas...
> ["Tudo o que a velha natureza gera"]

E, dentre os cinco sonetos que aparecem pela primeira vez em livro nesta edição, pelo menos "Dolmens", "Castelo antigo" e "Minha gló-

---

88. *Idem*, p. 122.
89. Rodrigo M. F. de Andrade. "Prefácio", *cit.*, p. 294.
90. A. Grieco. "Semeador de harmonia e de beleza...", *loc. cit.*

ria" obedecem a um tipo de composição quase pictórica, quanto ao ordenamento das imagens, que seria a grande marca da poética de *Luz mediterrânea*. No primeiro, os monumentos são retratados em diálogo com o próprio tempo, "como ossadas letais de crenças que morreram". O segundo explora a mesma idéia de ruína – que simultaneamente nos interroga sobre sua civilização passada e nos adverte sobre o futuro da nossa: é o velho castelo perdido "no silêncio fatal das cousas esquecidas..." Já "Minha glória" é uma elaboração inicial do tema de "Ingratidão": "outros lograrão os frutos que eu sonhei".

Mas a linguagem direta, de alta densidade, predomina sobretudo nos poemas deixados inéditos pelo autor, inclusive quando ele apresenta o seu sonho de um "cristianismo singular", "sem renúncia e sem martírios, / sem a pureza melancólica dos lírios, / temperado na graça natural..." – num soneto que lembra e dá saudades de Vinícius de Moraes. "De um fantasma" é surpreendentemente leve; parece que é o próprio poema que diz ao leitor: "sou mais leve do que a euforia de um anjo". E mesmo a tristeza meditativa de "Decadência" obedece ao ritmo da conversa (talvez numa varanda em Itaipava, com um doente): "Vai-se vivendo... vive-se demais, / E um dia chega em que tudo que somos / É apenas saudade do que fomos..."

Este último verso casualmente nos conduz ao "Estrambote melancólico" – um dos pontos altos da obra madura de Carlos Drummond de Andrade, que se abre com uma idéia parecida:

"Tenho saudade de mim mesmo, sau- / dade sob aparência de remorso."[91] A coincidência nos ajuda a entender a admiração que o autor de *Claro enigma* tinha pelo da *Luz mediterrânea* e, além disso, reforça os pontos de contato entre ambos, sobretudo quanto ao ceticismo filosófico que moveu tanto da poesia de Raul de Leoni e que está no cerne da poética drummondiana. Já na "Ode a um poeta morto" notamos a postura cética do autor, seja quanto à "ondulante paisagem da alma humana", seja quanto à sua posição "na dúvida em que não cabe / e em que se estreita" (versos que lembram o que dizia Montaigne sobre o homem: "um tema maravilhosamente vão, diverso e ondulante").

A combinação de ceticismo, melancolia e ironia alimenta os dois poetas (sem que consideremos, é claro, o mérito do valor ou a discrepância dos resultados obtidos em cada um). Uma rápida anotação de Drummond dá bem a medida de sua admiração: "os versos gigantes, harmoniosos e aforísticos de Raul de Leoni encerram uma lição de equilíbrio entre a inteligência criadora e a explosão lírica"[92]. Talvez o

---

91. Carlos Drummond de Andrade. "Estrambote melancólico". In: C. Drummond de Andrade. *Nova reunião. 19 livros de poesia*. Rio de Janeiro: Record, vol. 1, p. 314.

92. Carlos Drummond de Andrade (Policarpo Quaresma, Neto). "23/05/1948. Juízo Final. A opinião do leitor Policarpo Quaresma, Neto". In: C. Drummond de Andrade. *Conversa de livraria. 1941 e 1948*. (O Observador Literário e Policarpo Quaresma, Neto). São Paulo/Porto Alegre: Giordano/Age, 2000, p. 101.

mineiro admirasse no seu malogrado precursor justamente essa característica que ele próprio não pôde fixar em sua poesia bem mais tormentosa: o aparente equilíbrio e a serenidade do seu "geometrismo". Em Raul de Leoni, por força do ceticismo, a geometria da forma não traz o mero pressentimento de uma ordem exterior que interfere no cotidiano humano, e sim a angústia da sensação de que o universo, perfeitamente ordenado, é como um cenário neutro para o sofrimento vão dos homens. Mas, ao contrário de Drummond, ele investe na construção formal do poema como quem almeja nela exprimir, de outro modo – humano ou mais-que-humano – a mesma serenidade, a mesma soberania e a mesma indiferença ante o universo, ou como quem busca proteger-se sob o verniz da ironia. Mesmo isso, porém, tem certo amargor que ele não deixa de confessar, por exemplo, na "Última canção do homem":

> Que mais resta da fúria malograda?
> Um bailado de frases a cantar...
> A vaidade das formas... e mais nada...

Eis a grande ambição moderna da poética de Raul de Leoni: contrapor ao vão o vão. A missão do poeta é na verdade uma *transmissão*: garantir que o melhor legado das tradições seja entregue às gerações seguintes, numa tarefa que ele, leitor meio afoito de Nietzsche, associava ao tema do "super-homem", a meio caminho entre a humanidade e a divindade. O objetivo desse poeta ideal é passar "humanizando as cousas pelo mundo, / Para divinizar os homens sobre a Terra" ["E o poeta falou..."]. Para ele, "o sentido da Vida e o seu arcano / É a imensa aspiração de ser divino, / No supremo prazer de ser humano!" ["Ode a um poeta morto"]. Não admira que sua pátria de eleição seja Florença, a cidade ao mesmo tempo humana e divina. Daí que sua figura imaginária se desenhe em Raul de Leoni como um ser não-subjetivo que atravessa as idades, como se fosse um espírito disponível no mundo humano – e assim ele aparece no engraçado painel da "Ode" em homenagem a Bilac. O "poeta" não é o herói atormentado do romantismo (como em Álvares de Azevedo ou Castro Alves), mas uma espécie de "função" imemorial transmitida pela própria poesia, desde Homero até os tempos atuais. Ele é aquele que contempla o "mundo errante e vário" ["Para a vertigem!"] e "o destino humano, que flutua" ["Egocentrismo"].

Assim, em Raul de Leoni, "eu" não configura um ente subjetivo e psicologicamente autocentrado, que encontra no poema seu espaço de expansão e "expressão". "Eu" é o "poeta" – essa encarnação de um ideal que permeia todas as eras humanas. Mas a fuga do confessionalismo não significa necessariamente desprezo do individualismo. Para o indivíduo, em particular, a poesia é uma disciplina interior, que orienta sua busca de um destino próprio, seguro e sereno perante a indiferença do universo e a condição geral da dúvida. Se não é "herói" –

porque não desafia os deuses – o "poeta" não deixa de alcançar alguma fagulha de "divindade". Investido dessa "função", o indivíduo sonha ultrapassar sua condição pessoal do cotidiano e obter um distanciamento superior. Mas isto porque se tornou ele próprio o criador de um mundo ordenado e indiferente – um país que se "distrai" da realidade – do qual ele é o feliz habitante, e no qual o "eu" se projeta como "outro", idealizado e exterior.

Mantém-se, mesmo fora da confissão poética, a concepção de uma poesia como busca pessoal e singular. Mas, por outro lado, essa questão individual do "poeta" não o libera das incertezas humanas nem lhe expande a consciência até esferas de conhecimento de outro modo inacessíveis. Por isso a poesia de Raul de Leoni tão freqüentemente se cala: muitos versos (e até alguns títulos) encontram seu limite nas reticências. Terá sido ele, é bem provável, o mais reticente poeta brasileiro do século XX – e fazer a análise crítica de sua obra também é de certo modo "desmanchar um colar de reticências" ["Pórtico"].

Um estudo mais detido das fontes da poesia de Raul de Leoni teria de considerar o sucesso que fez, no Rio de Janeiro das décadas de 1910 e 1920, o poeta, cronista e jornalista Álvaro Moreyra – não por acaso também muito admirado pelo jovem Drummond. Diretor da *Fon-fon*, ligado aos simbolistas gaúchos do grupo de Eduardo Guimarães e Felipe d'Oliveira, ele publicou em 1915 o livrinho *Um sorriso para tu-*

do... – misto de crônica e prosa aforismática que certamente impressionou o poeta iniciante que já começava a freqüentar as páginas da própria *Fon-fon*. Desde o título até praticamente cada um dos textos incluídos, a expressão reticente, cética e irônica se aproxima muito do ideal de serenidade como autoproteção cultivado por Raul de Leoni. Aí encontramos uma boa explicação para a pontuação tácita na *Luz mediterrânea*: "Reticências... São elas que dizem o que se não consegue dizer..."[93]

Diante de todos esses elementos, seria no mínimo problemático vincular a poesia de Raul de Leoni a quaisquer dos estilos de época descritos nos velhos manuais. O melhor é aceitar, com Drummond, que ele foi "um poeta diferente, de expressão muito cuidada e elegante, mas que não se confunde com os cultores do parnasianismo em agonia"[94]. Em 1928, ao resenhar a segunda edição da *Luz mediterrânea*, Tristão de Ataíde manifestava uma percepção semelhante; para ele, "a morte de Raul de Leoni fechou talvez um dos caminhos da nossa poesia moderna"[95]. Foi pela falta de continuadores que se esta-

---

93. Álvaro Moreyra. *Um sorriso para tudo...* Rio de Janeiro: *Fon-fon*, 1915, p. 7.
94. Carlos Drummond de Andrade. "Alma de origem ática, pagã...", *loc. cit.*
95. Tristão de Ataíde (Alceu Amoroso Lima). "Poetas da inteligência e do coração". In: A. A. Lima. *Estudos*. 3ª série. Rio de Janeiro: A Ordem, 1930, p. 74; resenha originalmente publicada em 1928.

beleceu a "absoluta inatualidade" de sua poética, cujo anacronismo era mais aparente do que real.

Ainda assim, o crítico então desconfiava da possibilidade de o caminho iluminado pelo sol mediterrânico prosseguir viável, de um modo ou de outro. Muita coisa tinha acontecido entre 1922 e 1928. Para Tristão de Ataíde, Raul de Leoni representava com seu ideal de harmonia e beleza a adolescência da sua geração: "Ele foi o incomparável intérprete dos nossos adeuses a Epicuro."[96] Cedo ou tarde, veria esfumar-se a "dobra azul" do seu "golfo pensativo" – "quando fosse forçado a sentir a tragédia real da vida e a necessidade dolorosa de quebrar o seu sonho de imparticipação ou de manter-se nele heroicamente"[97]. Cedo ou tarde, em outras palavras, tornar-se-ia estreita demais a sombra protetora das elites políticas da Primeira República. Talvez nesse dia a sua atenção de poeta em trânsito, nas barcas, nos trens, fosse finalmente despertada pelo "turbilhão das ruas", falando mais alto e querendo provar que nada tinha de estéril. É possível que poemas como "Eugenia" e as ambíguas simpatias fascistas de seus últimos artigos indicassem que esse dia já despontava para ele. Mas é possível também que, com o tempo e a idade, se acomodasse ao papel de simples espectador, contentado com uma posição secundária nas letras e feliz com sua famí-

---

96. *Idem*, p. 79.
97. *Ibidem*, p. 75.

lia e amigos. Mas o que não se pode negar é que por um breve e decisivo espaço de tempo ele esteve na crista de seu momento literário.

> Lisboa, setembro de 1999
> São Paulo, maio de 2001
> *Sérgio Alcides*

BIBLIOGRAFIA DO AUTOR

Leoni, Raul de. *Ode a um poeta morto*. Rio de Janeiro: Jacinto Ribeiro dos Santos, 1919.

———. *Luz mediterrânea*. Rio de Janeiro: Jacinto Ribeiro dos Santos, 1922.

———. *Luz mediterrânea*. 2ª edição, preparada por Rodrigo Melo Franco de Andrade. Rio de Janeiro: Anuário do Brasil, 1928; inclui inéditos sob o título "Poemas inacabados".

———. *Luz mediterrânea*. 3ª edição, preparada por Rodrigo Melo Franco de Andrade. Ilustrada. Rio de Janeiro: Civilização Brasileira, 1940.

———. *Luz mediterrânea*. 4ª edição, preparada por Rodrigo Melo Franco de Andrade. Coleção Turquesa. São Paulo: Martins, 1946.

———. *Eugenia*. Rio de Janeiro: Philobiblion, 1955.

———. *Raul de Leoni. Trechos escolhidos*. Seleção, introdução e notas de Luiz Santa Cruz. Coleção Nossos Clássicos. Rio de Janeiro: Agir, 1961; inclui inéditos antes divulgados no suplemento literário *Autores e Livros*, sob o título "Poemas inéditos", além de artigos de jornal republicados no mesmo veículo ("Marinetti", "O Crescente e a Cruz", "Anatole France *en pantoufles*" e "Aurora e crepúsculo dos povos") e trechos do "Diário do espírito" citados por Germano de Novais em seu livro *Raul de Leoni: fisionomia do poeta*.

———. *Luz mediterrânea*. Edição preparada por Fernando Py. Petrópolis: Pirilampo, 1987; inclui os inéditos de *Autores e Livros*, sob o título "Poemas dispersos".

———. *Luz mediterrânea*. Edição comemorativa do centenário de Raul de Leoni. Revisão de Fernando Py; organização de Edith Marlene de Barros e Cesar Olímpio Ribeiro Magalhães. Petrópolis: Academia Petropolitana Raul de Leoni, 1995; inclui os inéditos de *Autores e Livros*, sob o título de "Poemas dispersos", além de trechos do "Diário do espírito" e do artigo "O Crescente e a Cruz".

———. *Luz mediterrânea e outros poemas*. Edição preparada por Pedro Lyra. Rio de Janeiro: Topbooks, 2000; inclui os inéditos de *Autores e Livros*, sob o título "Poemas avulsos".

BIBLIOGRAFIA CRÍTICA

Andrade, Carlos Drummond de [1951]. "Alma de origem ática, pagã". In: *Correio da Manhã*. Rio de Janeiro, 17 de novembro de 1951 (reportagem não-assinada).
——— (Antônio Crispim) [1957]. "Um de 1922 que não era modernista". In: *Leitura* 6. Nova fase, vol. XV. Rio de Janeiro, dezembro de 1957.
Andrade, Rodrigo Melo Franco de [1922]. "Raul de Leoni". In: R. M. F. de Andrade. *Rodrigo e seus tempos. Coletânea de textos sobre artes e letras.* Rio de Janeiro: Fundação Pró-Memória, 1986, pp. 243-6.
——— [1928]. "Prefácio". In: R. de Leoni. *Luz mediterrânea.* São Paulo: Martins, 1946, pp. 7-14.
Bandeira, Manuel [1928?]. "Raul de Leoni". In: *Crônicas da província do Brasil.* Rio de Janeiro: Civilização Brasileira, 1937, pp. 151-5.
——— [1951]. "Raul de Leoni". In: M. Bandeira. *De poetas e de poesia.* Cadernos de Cultura. Rio de Janeiro: MEC, 1953, pp. 93-6.
Benevides, Walter [1973]. *Sobre Raul de Leoni. No cinqüentenário da "Luz mediterrânea".* Rio de Janeiro: Livraria São José.
Bosi, Alfredo [1966]. *A literatura brasileira.* Vol. 5: *O prémodernismo.* São Paulo: Cultrix, na parte "A poesia neoparnasiana", pp. 34-8.

———— [1970]. *História concisa da literatura brasileira*. 3ª edição. São Paulo: Cultrix, 1989, parte "Raul de Leoni", pp. 264-7.

Carvalho, Ronald de [1928]. "Raul de Leoni". In: R. de Carvalho. *Estudos brasileiros*. Rio de Janeiro: Nova Aguilar, 1976, pp. 118-22.

Grieco, Agrippino [1922]. "Raul de Leoni". In: A. Grieco. *Caçadores de símbolos*. Rio de Janeiro: A Grande Livraria Leite Ribeiro, 1923, pp. 281-7.

———— [1932]. *Evolução da poesia brasileira*. Obras completas, vol. 2. Rio de Janeiro: J. Olympio, 1947, parte "Raul de Leoni", pp. 118-24.

———— [1941]. "'Semeador de harmonia e de beleza' – os inéditos de Raul de Leoni". In: *Autores e Livros*. Suplemento literário do jornal *A Manhã*. Rio de Janeiro, 23 de novembro de 1941.

———— [1947]. "'Luz mediterrânea'". In: A. Grieco. *Vivos e mortos*. Obras completas de Agrippino Grieco, vol. 1. Rio de Janeiro: José Olympio, 1947, pp. 163-72.

Houaiss, Antônio [1964]. "Trigésimo oitavo aniversário da morte de Raul de Leoni". In: *Correio da Manhã*. Rio de Janeiro, 21 de novembro de 1964.

Leão, Múcio (org.). Edição em homenagem a Raul de Leoni de *Autores e Livros* (nº 15). Suplemento literário do jornal *A Manhã*. Rio de Janeiro, 23 de novembro de 1941; inclui, além de poemas inéditos e artigos de jornal de Raul de Leoni, depoimentos e resenhas (nem todos inéditos) de M. Leão, Agrippino Grieco, Tristão de Ataydé, Alberto de Oliveira, Nestor Vítor, Ribeiro Couto, Maria Eugênia Celso, Azevedo Amaral, Rosalina Coelho Lisboa, Ronald de Carvalho, Benjamin Costallat, Cláudio Ganns, Rodrigo M. F. de Andrade e Gonçalo Jorge.

Lima, Alceu Amoroso (Tristão de Atayde) [1919]. *Primeiros estudos. Contribuição à história do modernismo literário*. Obras completas, vol. 1. Rio de Janeiro: Agir, 1948.

———— [1923]. *Estudos literários*. Vol. 1. Rio de Janeiro: Nova Aguilar, 1966, na parte "Estudos, 1923", pp. 800-3.

———— [1928]. *Estudos. 3ª Série*. Rio de Janeiro: Edição de "A Ordem", 1930, na parte "Poetas da inteligência e do coração", pp. 74-80.

Lyra, Pedro [2000]. "Um instintivismo hedonista". In: R. de Leoni. *Luz mediterrânea e outros poemas*. Edição preparada por Pedro Lyra. Rio de Janeiro: Topbooks, 2000, pp. 21-48.

Milliet, Sérgio [1948]. *Diário crítico*. Vol. 6. Data: 6 de abril de 1948. São Paulo: Martins/Edusp, 1981, pp. 69-73.

Moisés, Carlos Felipe [1962]. "Poesia 'filosófica'". In: C. F. Moisés. *Poesia e realidade. Ensaios acerca de poesia brasileira e portuguesa*. São Paulo: Cultrix, 1977, pp. 117-22.

Moisés, Massaud [1984]. *História da literatura brasileira. Simbolismo*. São Paulo: Cultrix/Edusp, parte "Raul de Leoni", pp. 246-52.

Novais, Germano de [1956]. *Raul de Leoni: fisionomia do poeta*. Porto Alegre: ed. do autor.

———— [1969]. *Raul de Leoni. Poeta de todos os tempos*. 2ª edição aumentada e revista [do título anterior]. São Paulo: Editora Germano de Novais.

Perrone-Moisés, Leyla [1995]. "Raul de Leoni, um poeta de retaguarda". In: L. Perrone-Moisés. *Inútil poesia e outros ensaios breves*. São Paulo: Cia. das Letras, 2000, pp. 199-206.

Py, Fernando [1987]. "Prefácio. Raul de Leoni, poeta trovador". In: R. de Leoni. *Luz mediterrânea*. 13ª edição, organizada por F. Py. Petrópolis: Pirilampo, pp. 5-8.

Santa Cruz, Luiz [1961]. "Apresentação". In: Raul de Leoni. *Raul de Leoni. Trechos escolhidos*. Coleção Nossos Clássicos. Rio de Janeiro: Agir, pp. 5-20.

Silveira, Tasso da [1942]. "A poesia de Raul de Leoni". In: *Vozes de Petrópolis. Revista Católica de Cultura*. Ano XXXVI. Petrópolis, julho e novembro de 1942, pp. 551-6 e 795-801.

———— [1950]. "A poesia de Raul de Leoni". In: *Letras e Artes*. Suplemento literário do jornal *A Manhã*. Rio de Janeiro, 5, 12, 19 e 26 de fevereiro de 1950.

Vítor, Nestor [1928]. "Raul de Leoni". In: N. Vítor. *Obra crítica de...* Rio de Janeiro: Fundação Casa de Rui Barbosa/MEC, 1973, pp. 287-94.

CRONOLOGIA

1895 – 30 de outubro: nasce Raul de Leoni Ramos, em Petrópolis, capital do Estado do Rio de Janeiro, filho do jurista Carolino de Leoni Ramos, deputado estadual, e de D. Augusta Villaboim de Leoni Ramos.
1898 – o Dr. Leoni Ramos deixa a Assembléia Legislativa para assumir o cargo de chefe de polícia do Estado do Rio.
1903 – Nilo Peçanha se elege presidente do Estado; a família Leoni Ramos se transfere, com a capital, para Niterói; passa a residir no seu casarão da Praia de Icaraí, 185; Raul de Leoni ingressa no Colégio Abílio.
1905 – o prefeito Pereira Passos inaugura a Avenida Central, na capital da República; Olavo Bilac escreve: "O Rio civiliza-se."
1906 – o Dr. Leoni Ramos torna-se prefeito de Niterói; Nilo Peçanha chega à vice-presidência da República, na chapa de Afonso Pena.
1909 – 14 de junho: morre o presidente Afonso Pena; Nilo Peçanha assume a Presidência; o Dr. Leoni Ramos é nomeado chefe de polícia do Distrito Federal.

1910 – ingressa no Colégio São Vicente de Paulo, em Petrópolis, como aluno interno.
– com a posse do marechal Hermes da Fonseca na Presidência, apoiado por Nilo Peçanha, o Dr. Leoni Ramos é nomeado para o Supremo Tribunal Federal.
1912 – ingressa na Faculdade Livre de Direito do Distrito Federal.
* publicação de *Eu*, de Augusto dos Anjos.
1913 – 9 de abril: embarca com a família em viagem de turismo à Europa; visitas a Portugal, Espanha, Inglaterra, França, Holanda, Suíça e Itália.
* estréia de Ronald de Carvalho, com *Luz gloriosa*.
1914 – fevereiro: a família regressa da Europa; o jovem Raul de Leoni participa da grande campanha eleitoral de Nilo Peçanha à Presidência do Estado do Rio; o protetor dos Leoni Ramos é empossado no cargo a 31 de dezembro.
1915 – começam a aparecer seus primeiros sonetos na *Fon-fon* e na *Revista da Semana*.
– torna-se oficial de gabinete do presidente do Estado.
1916 – faz amizade com futuros modernistas como Ronald de Carvalho, Di Cavalcanti e Manuel Bandeira, além de intelectuais ligados ao grupo, como Rodrigo Melo Franco de Andrade e Américo Facó; maiores incursões pelo jornalismo e pela boemia cariocas.
1917 – forma-se bacharel em Direito; defenderá na sua carreira apenas duas causas, de menor importância.

* publicações: *Cinza das horas*, estréia de Manuel Bandeira; *Nós*, de Guilherme de Almeida; *Juca Mulato*, de Menotti del Picchia; *O evangelho de Pã*, de Cassiano Ricardo.

1918 – ingressa na carreira diplomática pela mão de Nilo Peçanha, Ministro das Relações Exteriores do Brasil desde maio do ano anterior; em 27 de fevereiro, é nomeado para a legação brasileira em Cuba; em maio, embarca rumo a Havana, mas desiste ao fazer escala em Salvador, de onde regressa ao Rio, poucas semanas depois.

– 26 de outubro: nomeado para a Embaixada do Brasil em Montevidéu.

1919 – fevereiro: segue para o Uruguai, onde permanece apenas até abril; em 19 de julho é nomeado para a Embaixada do Brasil em Roma, mas nem chega a embarcar; em 17 de setembro é transferido do Corpo Diplomático para a Secretaria de Estado do Itamaraty, como Terceiro Oficial de Secretaria, lotado na Seção dos Negócios Comerciais e Consulares de Europa, Ásia, África e Oceania.

– abril: publica a plaquete *Ode a um poeta morto*, à memória de Olavo Bilac.

– começa a colaborar mais regularmente na imprensa carioca, inclusive como articulista, principalmente na *Fon-fon* e na *Revista da Semana*; torna-se amigo de Ribeiro Couto.

* publicações: *Carnaval*, de Manuel Bandeira; *Microcosmo*, de Hermes Fontes; *Tarde*, de Olavo Bilac (livro póstumo).

1920 – 8 de setembro: contrata noivado com Ruth Soares de Gouveia.
1921 – 11 de fevereiro: exonera-se do Itamaraty.
– 6 de abril: casa-se com D. Ruth; vão morar na Rua das Paineiras, nº 19, em Botafogo, no Rio de Janeiro.
– 29 de maio: elege-se deputado estadual à Assembléia Legislativa do Rio de Janeiro, em eleição para preencher uma única vaga no terceiro ano da 10ª Legislatura; apresenta-se ao plenário em 16 de agosto; comparece a apenas seis sessões.
– 5 de junho: comparece à manifestação popular de boas-vindas ao senador Nilo Peçanha, que regressava da Europa; passa a integrar o *staff* de jovens assessores de campanha do líder fluminense, candidato à Presidência da República.
– faz amizade com Sérgio Buarque de Holanda, recém-chegado ao Rio e já ligado aos modernistas de São Paulo.
* publicação de *O jardim das confidências*, de Ribeiro Couto.
1922 – 13, 15 e 17 de fevereiro: realiza-se a Semana de Arte Moderna, no Teatro Municipal de São Paulo.
– março: Nilo Peçanha perde as eleições; Raul de Leoni arranja um emprego de inspetor de seguros.
– 5 de julho: estoura a rebelião tenentista dos 18 do Forte, em Copacabana (Rio), violentamente reprimida; o país entra em estado de

sítio; a imprensa já estava sob censura desde o ano anterior.
- julho: publica *Luz mediterrânea*; Agrippino Grieco saúda o livro como "triunfante estréia".
* publicações: *Paulicéia desvairada*, de Mário de Andrade; *Epigramas irônicos e sentimentais*, de Ronald de Carvalho.

1923 – adoece dos pulmões em princípios do ano; retira-se para Petrópolis a fim de tratar-se, mas nega estar tuberculoso.

1924 – mesmo doente, intensifica a sua colaboração com *O Jornal*, agora pertencente a Assis Chateaubriand e tendo em seus quadros o amigo Rodrigo M. F. de Andrade.
- 31 de março: morre Nilo Peçanha.
* lançamento em São Paulo do Manifesto da Poesia Pau-Brasil; rompimento de Graça Aranha com a Academia Brasileira de Letras; publicações: *Poemetos de ternura e melancolia*, de Ribeiro Couto; *O ritmo dissoluto*, de Manuel Bandeira; *A cidade do vício e da graça*, também de Ribeiro Couto, que fazia a crônica da boemia carioca no tempo.

1925 – 28 de julho: nasce o seu primeiro e único filho, Luciano Raul.

1926 – maio: vai ao Rio para assistir a uma das conferências de Marinetti no Teatro Lírico.
- 21 de novembro: morre na Vila Serena, em Itaipava, e é enterrado em Petrópolis no dia seguinte.

1928 – sai a segunda edição de *Luz mediterrânea*, pelo Anuário do Brasil, organizada e prefaciada por Rodrigo M. F. de Andrade, com o acréscimo da "Ode a um poeta morto" e mais cinco poemas inéditos; ampla repercussão na imprensa carioca.

– novembro: a Prefeitura de Petrópolis dá o nome do poeta a um trecho da Rua Sete de Setembro; os amigos juntam-se às homenagens inaugurando um novo mausoléu para os seus restos mortais, exibindo o epitáfio: "A Raul de Leoni, 'Semeador de Harmonia e de Beleza', com a grande saudade dos seus amigos."

1929 – 7 de setembro: morre Luciano Raul de Leoni Ramos, filho único do poeta, aos quatro anos de idade.

1931 – 20 de março: morre o Dr. Leoni Ramos, aos 73 anos, menos de um mês depois de assumir o cargo de presidente do Supremo Tribunal Federal.

1940 – a editora Civilização Brasileira reedita a *Luz mediterrânea*, mantendo a organização e o prefácio de Rodrigo M. F. de Andrade.

1941 – 23 de novembro: o suplemento literário *Autores e Livros*, do jornal carioca *A Manhã*, dedica o seu número 15 a Raul de Leoni, com a publicação de vários inéditos recolhidos por Agrippino Grieco.

1946 – a editora Martins, de São Paulo, adquire os direitos de publicação de *Luz mediterrânea* e lança a sua 4ª edição, com o prefácio de Rodrigo M. F. de Andrade; tornará a imprimir o livro em 1947, 1949, 1952, 1954, 1956, 1959, 1965 e 1968; a nona edição, nos 30 anos de morte do autor, foi co-editada em papel especial pela Livraria S. José, do Rio de Janeiro.

1951 – 17 de novembro: Carlos Drummond de Andrade publica no *Correio da Manhã* (Rio) uma reportagem sobre Raul de Leoni; a viúva mostra-lhe trechos inéditos do *Diário do espírito*.

— Manuel Bandeira evoca o poeta e amigo em discurso na Academia Brasileira de Letras, incluído no livro *De poetas e de poesia*, publicado em 1954.

1955 – dezembro: o livreiro Carlos Ribeiro, da Livraria S. José, manda imprimir em plaquete o soneto inédito em livro "Nascemos um para o outro...", adotando o título de *Eugenia*, em publicação artesanal da sociedade Philobiblion, com uma xilogravura de Manuel Segalá.

1961 – a coleção "Nossos Clássicos", da Livraria Agir Editora, dedica o seu volume 58 a Raul de Leoni, com seleção elaborada por Luiz Santa Cruz.

1975 – novembro: por iniciativa do livreiro Carlos Ribeiro, inaugura-se em Petrópolis o busto em bronze de Raul de Leoni, na Praça dos Expedicionários, junto à cerca do Museu Imperial.

1977 – Guerra Peixe compõe música sobre três sonetos de Raul de Leoni, "Confusão", "História antiga" e "Almas desoladoramente frias..."; é a suíte das "Canções serranas nº 2", gravada por Maria da Glória Capanema Guerra (voz) e Lilian Barreto (piano).

1995 – Petrópolis comemora o centenário de nascimento do seu poeta; a Academia Petropolitana de Poesia Raul de Leoni manda imprimir uma "edição comemorativa" de *Luz mediterrânea*, com revisão de Fernando Py e fotografias inéditas.

NOTA À PRESENTE EDIÇÃO

Esta edição reúne toda a obra poética conhecida de Raul de Leoni, acrescentando às demais cinco sonetos inéditos em livro e reunindo também todos os aforismos do autor esparsamente publicados, que integram o inacabado "Diário do espírito". Em apêndice, foram incluídos fragmentos de poemas que desapareceram ou permaneceram incompletos.

O estabelecimento do texto se baseia nas primeiras edições de *Ode a um poeta morto* e *Luz mediterrânea*[98]. Foram incorporados os inéditos que Rodrigo Melo Franco de Andrade acrescentou à segunda edição de *Luz mediterrânea*[99], bem como os poemas de juventude divulgados por Agrippino Grieco e Múcio Leão no suplemento literário *Autores e Livros* 15 (1941), do jornal *A Manhã*.

---

98. Ambos os livros saíram no Rio de Janeiro, pelo editor Jacinto Ribeiro dos Santos, respectivamente em 1919 e 1922.

99. Raul de Leoni. *Luz mediterrânea*. 2ª edição. Prefácio e organização de Rodrigo M. F. de Andrade. Rio de Janeiro: Anuário do Brasil, 1928.

Para o estabelecimento do texto, utilizei com largueza os bons trabalhos de Rodrigo M. F. de Andrade[100], Luiz Santa Cruz[101], Fernando Py[102] e Pedro Lyra[103]. O retorno às edições originais, no entanto, permitiu a correção de pequenos equívocos, sobretudo na pontuação dos versos e no estrofamento dos poemas mais longos. Esses casos são apontados em notas de rodapé.

Optei por abrir o volume com *Luz mediterrânea*, deixando a "Ode a um poeta morto" para o fim. Na segunda parte, "Últimos poemas", apresento os textos pela ordem de sua primeira publicação, uma vez que desconhecemos a data original da maioria deles. Inicialmente, portanto, vem o famoso soneto "Eugenia", também citado como "Argila", "Soneto pagão" ou, simplesmente, "Soneto" – cuja primeira impressão por mim conhecida se deu em 1927[104].

Seguem-se os cinco inéditos que Rodrigo M. F. de Andrade denominou "Poemas inacabados" na edição de 1928 e que assim têm sido

---

100. Raul de Leoni. *Luz mediterrânea*. 2ª edição, *cit.*
101. Raul de Leoni. *Trechos escolhidos*. Por Luiz Santa Cruz. Col. Nossos Clássicos. Rio de Janeiro: Agir, 1961.
102. Raul de Leoni. *Luz mediterrânea*. 13ª edição. Prefácio e organização de Fernando Py. Petrópolis: Pirilampo, 1987.
103. Raul de Leoni. *Luz mediterrânea e outros poemas*. Organização e introdução de Pedro Lyra. Rio de Janeiro: Topbooks, 2000.
104. Raul de Leoni. "Soneto". In: *Álbum de Primeira*. Publicação em fascículos da revista *Primeira*. Rio de Janeiro: Primeira, s.d. [1928], p. 16; o fascículo em que se inclui o poema circulou originalmente em 25 de agosto de 1927.

publicados. São eles: "Cristianismo", "Decadência", "Almas desoladoramente frias...", "Ao menos uma vez em toda a vida" e "De um fantasma". Pelo menos na forma como foram afinal divulgados, não me parecem carecer de melhor acabamento.

Por fim, aparecem "Síntese", "Transubstanciação" e "Duas histórias", publicados pela primeira vez em 1941 no suplemento *Autores e Livros*[105]. O primeiro tem a data de 1922, e do terceiro divulgou-se também o manuscrito, em fac-símile, com correções inacabadas do autor. Devo advertir que este permite várias leituras diferentes, o que torna qualquer estabelecimento em princípio discutível.

A terceira parte é a dos "Primeiros poemas". Neste caso foi mais fácil datá-los e assim ordená-los. Nela estão os textos divulgados por Agrippino Grieco e Múcio Leão em *Autores e Livros*: "Cala a boca, memória!", "Sei de tudo o que existe pelo mundo", "Maio. Sol de Saint-Loup", "Desconfiando" e "Ciganos" (este datado de 1915; os demais, segundo Grieco, teriam sido compostos entre os 15 e os 18 anos do poeta – ou entre 1910 e 1914).

Outras seis produções iniciais de Raul de Leoni se seguem, todas publicadas em semanários cariocas na segunda metade da década de

---

105. Destes, apenas "Síntese" e "Duas histórias" vêm aí datados (de 1922 e 1924, respectivamente); pelo que a inclusão de "Transubstanciação" entre as últimas produções do autor não pode ser tomada como absolutamente certa.

1910. Cinco delas foram localizadas por mim no arquivo de Plínio Doyle; "No palco das conveniências" saiu na *Fon-fon* de 12 de junho de 1915; "O absurdo do desejo" foi publicado pelo mesmo semanário em 21 de agosto de 1915. "Dolmens" e "Castelo antigo" apareceram na *Revista da Semana*, respectivamente em 18 de setembro e 16 de outubro de 1915[106]. "Minha glória" saiu na *Fon-fon* de 30 de outubro de 1915. Por fim, "Tudo o que a velha natureza gera" foi publicado em livro pela primeira vez em 1973, por Walter Benevides, mas pude apurar que sua publicação original se deu também na *Revista da Semana*, em 17 de março de 1917[107].

A quarta parte traz, finalmente, a "Ode a um poeta morto", cujo estrofamento original pôde ser reconstituído graças à consulta de exemplares da sua edição *princeps* existentes na Biblioteca Nacional do Rio de Janeiro e na Biblioteca da Fundação Casa de Rui Barbosa.

A quinta e última parte apresenta a versão mais completa já reunida do "Diário do espírito". A ordem dos textos seguiu o critério da primeira publicação, constando antes os trechos que saíram no suplemento *Autores e Livros* (1941) e depois os aforismos citados do original em reporta-

---

106. Registre-se que ambos continham dedicatórias: "Dolmens" a Ildefonso Falcão, e "Castelo antigo" a Hermes Fontes.

107. W. Benevides. *Raul de Leoni. No cinqüentenário da "Luz mediterrânea"*. Rio de Janeiro: Livraria S. José, 1973, p. 16; originalmente, o soneto era dedicado a Flexa Ribeiro.

gem de Carlos Drummond de Andrade (1951)[108] e em livro de Germano de Novais (1956)[109].

Suprimi todas as dedicatórias mencionadas aqui (exceto, é claro, a da "Ode", a Olavo Bilac); a mesma decisão tomei a respeito das datas. Justifico-me: vários poemas incluídos em *Luz mediterrânea* tinham sido publicados antes, na imprensa carioca, com datas e dedicatórias que o autor decidiu eliminar. Optei por seguir o mesmo critério nas seções "Últimos poemas" e "Primeiros poemas". Nos textos originalmente sem título, aproveitei o *incipit*.

O volume conta ainda com dois apêndices. O primeiro contém seis fragmentos de poemas perdidos ou inacabados, citados dos originais por Agrippino Grieco em *Autores e Livros* e Carlos Drummond de Andrade no *Correio da Manhã*. O segundo apresenta, a título de curiosidade, a "Elegia para Raul de Leoni em Trieste", de Ribeiro Couto[110]. É um poema escrito no início dos anos 1950 (o autor o menciona em sua correspondência com Manuel Bandeira em 1952). O velho companheiro de boemia e enfermidade era então o embaixador do Brasil em Belgrado.

---

108. Carlos Drummond de Andrade. "Alma de origem ática, pagã..." Reportagem não-assinada publicada no *Correio da Manhã* de 17 de novembro de 1951.

109. Germano de Novais. *Raul de Leoni: fisionomia do poeta*. Porto Alegre: ed. do autor, 1956; 2ª edição revista: *Raul de Leoni, poeta de todos os tempos*. São Paulo: Editora Germano de Novais, 1969.

110. Ribeiro Couto. *Longe*. Lisboa: Livros do Brasil, 1961, pp. 86-7.

Quanto à fixação do texto, alguns problemas merecem um breve comentário. Corrigiu-se aqui o último verso do poema "Síntese", que na sua primeira publicação, em *Autores e Livros*, assim se lia: "E ser perfeito e desaparecer..." A lição correta, segundo transcrição de Germano de Novais em *Raul de Leoni: fisionomia do poeta*, é: "E ser perfeito *é* desaparecer..." A única edição anterior a esta que incorporou a correção é a organizada por Pedro Lyra. Para "Duas histórias", segui o manuscrito fac-similado em *Autores e Livros*, mas desprezei pequenos trechos que, embora não estivessem riscados, parecem soltos ou desconexos. Daí ter condensado num único verso – "Que quem busca verdade não faz mais" – a passagem que em outras edições consta de dois: "Que quem ver e contar as verdades / Apenas faz buscar verdades – não faz mais" (na leitura de F. Py); ou "Que quem [precisar] ver e contar as verdades / Apenas faz buscar verdades, não faz mais" (na de P. Lyra).

Resta esclarecer para o leitor alguns aspectos do estabelecimento de texto do soneto "Eugenia" – o mais difícil de todo o volume. A começar pelo título, que justifico por três razões: (1) assim se refere a ele o crítico Agrippino Grieco, amigo da família do poeta, em artigo de 1941, no mesmo suplemento que publicou o soneto pela primeira vez com o título de "Argila"[111]; (2) segundo Carlos Maul, amigo e conter-

---

111. A. Grieco. "Semeador de harmonia e de beleza..." In: *Autores e Livros* 15, *cit.*, p. 310: "(...) o maravilhoso soneto 'Eugenia', que um respeitoso impulso de generosidade cristã, por parte de quem muito queria ao morto,

râneo de Raul de Leoni, o poeta "hesitava na escolha destes três [títulos]: 'Eugenia', 'Perfeição' e 'Argila'", mas "depois de longo debate fixou-se no primeiro"[112]; (3) intitulou-se *Eugenia* a plaquete especial editada pela sociedade Philobiblion como brinde de natal para a Livraria S. José, em 1955, sob a orientação de outro amigo pessoal de Raul de Leoni, o livreiro Carlos Ribeiro, e com a autorização expressa da viúva[113]. Suponho que o suplemento de 1941 tenha escolhido o título de "Argila" para evitar uma associação direta com o eugenismo, pseudociência que então todos sabiam estar ligada ao ideal de supremacia ariana defendido pelo nazismo.

O texto aqui adotado se baseia naquela que parece ter sido a primeira publicação do poema, sob o título de "Soneto", no *Álbum de Primeira*, composto de fascículos quinzenais distribuídos entre 1927 e 1928 aos leitores da revista carioca *Primeira*[114]. Consultei ao todo dez versões publicadas entre 1927 e 2000 – todas divergentes entre si. Dentre estas, três parecem ter dado origem às outras: o "Soneto", do *Álbum de Primei-*

---

afastou da segunda edição da *Luz mediterrânea*"; a publicação do poema sob o título de "Argila" saiu na página 301 do suplemento, ao lado de outros poemas do autor.

112. Carlos Maul. "História de um soneto de Raul de Leoni". In: *Revista da Academia Fluminense*. Vol. XIV. Rio de Janeiro, abril de 1970.

113. Raul de Leoni. *Eugenia*. Rio de Janeiro: Philobiblion, 1955; informa-se no colofão da plaquete que o poema também era conhecido como "Soneto pagão".

114. Ver na introdução a nota 104.

ra (AP, 1927); a versão divulgada sem título por Agrippino Grieco no livro *Evolução da poesia brasileira* (AG, 1932)[115]; e o cartão "Soneto" impresso pela Livraria S. José (LSJ, *ca.* 1950)[116].

Há muitas variantes de pontuação entre essas versões, mas a principal discrepância diz respeito ao 11º verso. Lê-se em AP: "Que, ao longe, eu ouço o oráculo de Elêusis."; em AG: "Que (ouço de longe o oráculo de Elêusis),"; e em LSJ: "Que (ouço ao longe o oráculo de Elêusis),". Nota-se de saída que nesta última opção a métrica decassílaba se rompe (a menos que evitemos com o parêntese a elisão entre "Que" e "ouço"). Na anterior o problema se resolve com o uso da expressão "de longe" no lugar de "ao longe" (evitando-se outra elisão: entre "ouço" e "ao").

---

115. Agrippino Grieco. *Evolução da poesia brasileira.* Obras completas, vol. 2. Rio de Janeiro: J. Olympio, 1947, parte "Raul de Leoni", pp. 123-4; desta versão derivam, com variantes, as que aparecem com o título de "Argila" no suplemento *Autores e Livros* (*cit.*, p. 301) e na edição organizada por Fernando Py (*cit.*, p. 98).

116. O Arquivo-Museu de Literatura Brasileira, da Fundação Casa de Rui Barbosa, guarda um exemplar desse cartão, que mede 16 x 11 cm e apresenta o poema sob o título de "Soneto"; em 1955 o mesmo livreiro mandaria imprimir esse texto, com variantes, na plaquete acima citada, sob o título de "Eugenia"; também deriva daí a versão adotada, com variantes, nas edições de Luiz Santa Cruz ("Argila", in: Raul de Leoni. *Trechos escolhidos, cit.*, p. 79) e Pedro Lyra ("Eugenia", *cit.*, p. 153); a versão divulgada por Carlos Maul ("Eugenia", in: "História de um soneto...", *loc. cit.*) coincide com esta nos tercetos, embora nos quartetos se aproxime mais da do *Álbum de Primeira*.

Não é impossível que as três alternativas se originem de diferentes manuscritos autógrafos, contendo alterações ou hesitações do autor. Uma quarta versão – também divulgada por Agrippino Grieco, no livro *Vivos e mortos* (1947, AG2)[117] – me fez optar por seguir o texto de AP. Esta nova versão de Grieco em grande parte coincide com a do *Álbum de Primeira*; não só na leitura do verso mais problemático, mas também em outros detalhes (não tem reticências nos quartetos, por exemplo).

Ao constatar que AG2 deriva de AP (com apenas três variantes), observei que a publicação de 1927 conta com algumas vantagens sobre AG e LSJ. Nela, não existe ambigüidade métrica no 11º verso, sem se fazer necessário o recurso à expressão "*de* longe". Além disso, é ela a que apresenta a pontuação mais coerente, por três razões: (1) o uso de pontos que dividem ao meio os dois quartetos; (2) a ausência de vírgulas antes de "e" separando sentenças independentes (como em "Tens legendas pagãs nas carnes claras / *E* eu tenho a alma dos faunos na pupila"); e (3) o uso regular de vírgulas optativas separando as locuções "em mim", "em nós", "ao longe" e "do teu ventre".

Minha versão então segue o texto de AP, incorporando duas das três variantes de AG2: no quarto verso, "dos fannos" em vez de "de fan-

---

117. Agrippino Grieco. "Luz mediterrânea". In: A. Grieco. *Vivos e mortos*. Obras completas de Agrippino Grieco, vol. 1. Rio de Janeiro: José Olympio, 1947, p. 169.

nos"; no 14º, "do teu ventre" em vez de "de teu ventre". Quanto à sua inclusão entre os "Últimos poemas" de Raul de Leoni, justifica-se pelo depoimento de Agrippino Grieco, segundo o qual, por motivos morais, o soneto ficou de fora da *segunda edição* da *Luz mediterrânea* (e não da primeira), parecendo portanto mais razoável datá-lo como posterior à publicação do livro em 1922 – embora isso não implique uma conclusão definitiva ou indiscutível.

Por fim, manifesto meus agradecimentos à Fundação Casa de Rui Barbosa, em especial aos funcionários Eliane Vasconcellos, Rosângela Florido Rangel, Deborah Roditi e Glauber Andrade Cruz, do Arquivo-Museu de Literatura Brasileira, e Maria Irene Brasil e Mariângela Chiarelli, da Biblioteca. Agradeço também ao Arquivo Histórico do Museu da República, particularmente a Mônica Muniz Melhem. Por diferentes tipos de ajuda, muito obrigado a César Duarte, Fernando Py, Júlio Castañon Guimarães, Maria Rita Kehl e Plínio Doyle. E ainda a Edith Marlene de Barros, da Academia Petropolitana de Poesia Raul de Leoni – foi ela a pesquisadora tenaz que descobriu e recolheu boa parte das fotografias incluídas na Iconografia deste volume.

LUZ MEDITERRÂNEA
E OUTROS POEMAS

LUZ MEDITERRÂNEA

PÓRTICO[1]

Alma de origem ática, pagã,
Nascida sob aquele firmamento
Que azulou as divinas epopéias,
Sou irmão de Epicuro e de Renan,
Tenho o prazer sutil do pensamento
E a serena elegância das idéias...

Há no meu ser crepúsculos e auroras,
Todas as seleções do gênio ariano,
E a minha sombra amável e macia
Passa na fuga universal das horas,
Colhendo as flores do destino humano
Nos jardins atenienses da Ironia...

*
* *

---

1. Restaura-se nesta edição a divisória de asteriscos entre a segunda e a terceira estrofes deste poema, conforme as quatro primeiras edições do livro.

Meu pensamento livre, que se achega
De ideologias claras e espontâneas,
É uma suavíssima cidade grega,
Cuja memória
É uma visão esplêndida na história
Das civilizações mediterrâneas.

Cidade da Ironia e da Beleza,
Fica na dobra azul de um golfo pensativo,
Entre cintas de praias cristalinas,
Rasgando iluminuras de colinas,
Com a graça ornamental de um cromo vivo:
Banham-na antigas águas delirantes,
Azuis, caleidoscópicas, amenas,
Onde se espelha, em refrações distantes,
O vulto panorâmico de Atenas...

Entre os deuses e Sócrates assoma
E envolve na amplitude do seu gênio
Toda a grandeza grega a que remonto;
Da Hélade dos heróis ao fim de Roma,
Das cidades ilustres do Tirreno
Ao mistério das ilhas do Helesponto...

Cidade de virtudes indulgentes,
Filha da Natureza e da Razão
– Já eivada da luxúria oriental –
Ela sorri ao Bem, não crê no Mal,
Confia na verdade da Ilusão
E vive na volúpia e na sabedoria,
Brincando com as idéias e com as formas...

No passado pensara muito e, até,
Tentara penetrar o mundo das essências,
Sofrera muito nessa luta inútil,
Mas, por fim, foi perdendo a íntima fé
No pensamento, e agora pensa ainda,
Numa serenidade indiferente,
Mas se conforta muito mais, talvez,
Na alegria das belas aparências
Que na contemplação das idéias eternas.

Cidade amável em que a vida passa,
Desmanchando um colar de reticências:
Tem a alma irônica das decadências
E as cristalizações de um fim de raça...

Conserva na memória dos sentidos
A expressão das origens seculares,
E entre os seus habitantes há milhares
Descendentes dos deuses esquecidos;
Que os demais todos têm, inda bem vivo,
Na nobre geometria do seu crânio
O mais puro perfil dólico-louro...

Os deuses da cidade já morreram...
Mas, amando-os ainda, alegremente,
Ela os tem no desejo e na lembrança;
E foi a ela (é grande o seu destino!)
Que Juliano o Apóstata, expirando,
Mandou a sua última esperança
Pela boca de Amiano Marcelino...

Cidade de harmonias deliciosas
Em que, sorrindo à ronda dos destinos, →

Os homens são humanos e divinos
E as mulheres são frescas como as rosas...

Jardins de perspectivas encantadas
– Hermas de faunos nas encruzilhadas –
Abrem ao ouro do sol leques de esguias
Alamedas: efebos, poetas, sábios
Cruzam-nas, dialogando, suavemente,
Sobre a mais meiga das filosofias,
Fímbrias de taças lésbias entre os lábios
E emoções dionisíacas nos olhos...

Como são luminosos seus jardins
De alegres coloridos musicais!
No florido beiral dos tanques, debruados
De rosas e aloés e anêmonas e mirtos,
Bebem pombas branquíssimas e castas,
E finamente límpidas e trêmulas,
Irisadas, joviais e transparentes,
As águas aromáticas, sorrindo,
Tombam da boca austera dos tritões,
Garganteando furtivos ritornelos...

Dentro a moldura em fogo das auroras,
Pelas praias de opala e de ouro, antigas,
Na maciez das areias, em coréias,
Bailam rondas sadias e sonoras
De adolescentes e de raparigas,
Copiando o friso das Panatenéias...

Na orla do mar, seguindo a curva ondeante
Do velho cais esguio e deslumbrante,
Quando o horizonte e o céu, em lusco-fusco, →

Somem na porcelana dos ocasos,
Silhuetas fugitivas
De lindas cortesãs de Agrigento e de Chipre,
Como a sonhar, olham, perdidamente,
A volta das trirremes e das naves,
Que lhes trazem o espírito do Oriente,
Em pedrarias, lendas e perfumes...

Então, ondulam no ar diáfano e fluente
Suavidades idílicas, acordes
De avenas, cornamusas e ocarinas
Que vêm de longe, da alma branca dos
                              [pastores,
Trazidas pelos ventos transmontanos
E espiritualizadas em surdinas...

Terra que ouviu Platão antigamente...
Seu povo espiritual, lírico e generoso,
Que sorri para o mundo e para os seus
                              [segredos,
Não ouve mais o oráculo de Elêusis,
Mas ama ainda, quase ingenuamente,
A saudade gloriosa dos seus deuses,
Nas canções ancestrais dos citaredos
E nos epitalâmios do nascente...

Seus filhos amam todas as idéias,
Na obra dos sábios e nas epopéias,
Nas formas límpidas e nas obscuras,
Procurando nas cousas entendê-las
– Fugas de sentimento e sutileza –
E as entendem na própria natureza,
Ouvindo Homero no rumor das ondas,
Lendo Platão no brilho das estrelas...

Seus poetas, homens fortes e serenos,
Fazem uma arte régia, aguda e fina,
Com a doçura dos últimos helenos
Estilizada em ênfase latina...

E os velhos da cidade, suaves poentes
De radiantes retores e sofistas,
Passam, olhando as cousas e as criaturas,
Com piedosos sorrisos indulgentes,
Em que longas renúncias otimistas
Se vão abrindo, entre ironias puras,
Sobre todos os sonhos do Universo...

Revendo-se num século submerso,
Meu pensamento, sempre muito humano,
É uma cidade grega decadente,
Do tempo de Luciano,
Que, gloriosa e serena,
Sorrindo da palavra nazarena,
Foi desaparecendo lentamente,
No mais suave crepúsculo das cousas...

FLORENÇA

Manhã de outono...
Través a gaze fluida da neblina,
Teu panorama, trêmulo, hesitante,
Se vai furtivamente desenhando,
Na alva doçura de uma renda fina...

Do florido balcão de San Miniato,
Como num cosmorama imaginário,
Vejo aos poucos despir-se o teu cenário,
Dentro de um sereníssimo aparato...

Em tons de madrepérola cambiante,
Ao reflexo de um íris fugidio,
Sob o ar transparente e o céu macio,
Abre-se em luz a concha colorida
      Do vale do Arno...

Longe onde a névoa azul se dilui sobre as linhas
Amáveis das colinas, →

Em caprichosas curvas serpentinas
De oliveiras em flor, de olmeiros e de vinhas,
De pinheiros reais e amendoeiras tranqüilas,
Fiésole, bucólica e galante,
Mostra, numa expressão fresca de tintas,
O esmalte senhorial das suas vilas
E o cromo pastoril das suas quintas,
Dentro dos bosques do Decameron...

Surgem zimbórios em mosaico, perfis duros
De arrogantes palácios gibelinos,
Silhuetas de basílicas votivas,
Torres mortas e suaves perspectivas
E o coleio longínquo dos teus muros,
Recortando a moldura azul dos Apeninos...

Teus sinos cantam num prelúdio lento
A elegia das horas imortais;
É a canção do teu próprio sentimento
Na voz sonâmbula das catedrais...

E é, então, que transponho as tuas portas,
E ouvindo as tuas ruínas pensativas
Sinto-me em corpo e espírito em Florença:
A mais humana das cidades vivas,
A mais divina das cidades mortas!...

Florença, ó meu retiro espiritual!
Suave vinheta do meu pensamento!
Sempre te amei com o mesmo afeto humano
Dês que tu eras a comuna guelfa
Idealista, rebelde e sanguinária,
Até o dia →

Em que tua alma, flor litúrgica e sombria
Do espírito cristão,
Fugindo do Jardim das Escrituras,
Foi, para ver a luz de outras alturas,
Sentar-se no *Banquete* de Platão!

Nobre e amável Florença!
Doce filha de Cristo e de Epicuro!
Flor de Volúpia e de Sabedoria!
Na tua alma de Vênus e Maria
Há uma estranha harmonia ambígua,
                       [indescritível:
A castidade melancólica dos lírios
E a graça afrodisíaca das rosas;
A mansuetude ingênua de Fra Angelico
E a alegria picante de Boccaccio!

Amo-te assim, indefinida e vária!
Casta e viciosa – gótica e pagã,
Harmoniosa entre a Acrópole e o Calvário.

Ó Pátria sereníssima
Das formas puras, das idéias claras;
Das igrejas, das fontes, dos jardins;
Dos mosaicos, das rendas, dos brocados;
Dos coloristas límpidos e meigos;
Das almas furta-cor e da graça perversa;
Da discreta estesia dos requintes;
Dos vícios raros, das perversões elegantes;
Dos venenos sutis e dos punhais lascivos;
Deliciosa no crime e na virtude,
Onde a existência foi uma bela atitude
De sensibilidade e de bom gosto →

E passou pela História, assim, na ronda viva
Meditativa e brilhante
De uma *Fête Galante*!...

*
* *

Trago-te a minha gratidão latina,
Porque foi no teu seio que se fez
Toda a ressurreição da Vida luminosa:
Ó Florença! Florença!
A mais humana das cidades vivas!
A mais divina das cidades mortas!...

MAQUIAVÉLICO

Há horas em que minha alma sente e pensa,
Num tempo nobre que não mais se avista,
Encarnada num príncipe humanista,
Sob o Lírio Vermelho de Florença.

Vejo-a, então, nessa histórica presença,
Harmoniosa e sutil, sensual e egoísta,
Filha do idealismo epicurista,
Formada na moral da Renascença.

Sinto-a, assim, flor amável do Helenismo,
Virtuose – restaurando os velhos mapas
Do gênio antigo, entre exegeta e artista.

E ao mesmo tempo, por diletantismo,
Intrigando a política dos papas,
Com a perfídia elegante de um sofista...

NOTURNO

No parque antigo, a noite era afetuosa e mansa,
Sob a lenda encantada do luar...

Os pinheiros pensavam cousas longas,
Nas alturas dormentes e desertas...
O aroma nupcial dos jasmins delirantes,
Diluindo um cheiro acre de resinas,
Espiritualizava e adormecia
O ar meigo e silencioso...

A ronda dos espíritos noturnos,
Em medrosos rumores,
Gemia entre os ciprestes e os loureiros...

Na penumbra dos bosques, o luar
Entreabria clareiras encantadas,
Prateando o verde malva das latadas
E as doces perspectivas do pomar...

As nascentes sonhavam, em surdina,
Numa tonalidade cristalina,
Monótonos murmurinhos,
Gorgolejos de águas frescas...

Sobre a areia de prata dos caminhos,
A sombra espiritual dos eucaliptos,
Bulindo ao sopro tímido da aragem,
Projetava ao luar desenhos indecisos,
Ágeis bailados leves de arabescos,
Farândolas de sombras fugitivas...

E, das perdidas curvas das estradas,
De paragens distantes,
Como fantasmas de serenatas,
Ressonâncias sonâmbulas traziam
A longa, a pungentíssima saudade
De cavatinas e mandolinatas...

Lembro-me bem, quando em quando,
Entre as sebes escondidas,
Um insidioso grilo impertinente,
Roendo um som estridente,
Arranhava o silêncio...

No parque antigo, a noite era afetuosa e mansa,
Sob a lenda encantada do luar...

Eu era bem criança e, já possuindo
A sensibilidade evocadora
De um poeta de símbolos profundos,
Solitário e comovido,
No minarete do solar paterno, →

Com os pequeninos olhos deslumbrados,
Passei a noite inteira, o olhar perdido,
No azul sonoro, o azul profundo, o azul eterno
Dos eternos espaços constelados...

Era a primeira vez que eu contemplava o mundo,
Que eu via face a face o mistério profundo
Da fantasmagoria universal
No prodígio da noite silenciosa.

Era a primeira vez...
E foi aí, talvez,
Que começou a história atormentada
Da minha alma, curiosa dos abismos,
Inquieta da existência e doente do Além...
Filha da maldição do Arcanjo rebelado...

Sim, que foi nessa noite, não me engano
– Noite que nunca mais esquecerei –
Que – a alma ainda em crisálida – velando
No minarete do solar paterno,
Diante da noite azul – eu senti e pensei
O meu primeiro sofrimento humano
E o meu primeiro pensamento eterno...

Como fora do Tempo e além do Espaço,
Ser sem princípio, espírito sem fim,
Sofria toda a humanidade em mim,
Nessa contemplação imponderável!

Já nem ouvia o trêmulo compasso
Das horas que fugiam pela noite,
Que os olhos soltos pela imensidade, →

Luz mediterrânea

Numa melancolia deslumbrada,
Imaginando cousas nunca ditas,
Todo eu me eterizava e me perdia
Na idéia das esferas infinitas,
Na lenda universal das distâncias eternas...

No parque antigo, a noite era afetuosa e mansa,
Sob a lenda encantada do luar...

Foi nessa noite antiga
Que se desencantou para a vertigem
A suave virgindade do meu ser!

Já a lua transmontava as cordilheiras...
Cães ladravam ao longe, em sobressalto;
No pátio das mansões, na granja das herdades,
O cântico dos galos estalava,
Desoladoramente pelos ares,
Acordando as distâncias esquecidas...

E, então, num silencioso desencanto,
Eu fui adormecendo lentamente,
Enquanto
Pela fria fluidez azul do espaço eterno
Em reticências trêmulas, sorria
A ironia longínqua das estrelas...

HISTÓRIA DE UMA ALMA

I. ADOLESCÊNCIA

Eu era uma alma fácil e macia,
Claro e sereno espelho matinal
Que a paisagem das cousas refletia,
Com a lucidez cantante do cristal.

Tendo os instintos por filosofia,
Era um ser mansamente natural,
Em cuja meiga ingenuidade havia
Uma alegre intuição universal.

Entretinham-me as ricas tessituras
Das lendas de ouro, cheias de horizontes
E de imaginações maravilhosas.

E eu passava entre as cousas e as criaturas,
Simples como a água lírica das fontes
E puro como o espírito das rosas...

II. MEFISTO

Espírito flexível e elegante,
Ágil, lascivo, plástico, difuso,
Entre as cousas humanas me conduzo
Como um destro ginasta diletante.

Comigo mesmo, cínico e confuso,
Minha vida é um sofisma espiralante;
Teço lógicas trêfegas e abuso
Do equilíbrio na Dúvida flutuante.

Bailarino dos círculos viciosos,
Faço jogos sutis de idéias no ar,
Entre saltos brilhantes e mortais,

Com a mesma petulância singular
Dos grandes acrobatas audaciosos
E dos malabaristas de punhais...

III. CONFUSÃO

Alma estranha esta que abrigo,
Esta que o Acaso me deu,
Tem tantas almas consigo,
Que eu nem sei bem quem sou eu.

Jamais na Vida consigo
Ter de mim o que é só meu;
Para supremo castigo,
Eu sou meu próprio Proteu.

De instante a instante, a me olhar,
Sinto, num pesar profundo,
A alma a mudar... a mudar...

Parece que estão, assim,
Todas as almas do Mundo,
Lutando dentro de mim...

IV. SERENIDADE

Feriram-te, alma simples e iludida.
Sobre os teus lábios dóceis a desgraça
Aos poucos esvaziou a sua taça
E sofreste sem trégua e sem guarida.

Entretanto, à surpresa de quem passa,
Ainda e sempre, conservas para a Vida
A flor de um idealismo, a ingênua graça
De uma grande inocência distraída.

A concha azul envolta na cilada
Das algas más, ferida entre os rochedos,
Rolou nas convulsões do mar profundo;

Mas inda assim, poluída e atormentada,
Ocultando puríssimos segredos,
Guarda o sonho das pérolas no fundo.

FELICIDADE

I

Sombra do nosso Sonho ousado e vão!
De infinitas imagens irradias
E, na dança da tua projeção,
Quanto mais cresces, mais te distancias...

A Alma te vê à luz da posição
Em que fica entre as cousas e entre os dias:
És sombra e, refletindo-te, varias,
Como todas as sombras, pelo chão...

O Homem não te atingiu na vida instável
Porque te embaraçou na filigrana
De um ideal metafísico e divino;

E te busca na selva impraticável,
Ó Bela Adormecida da alma humana!
Trevo de quatro folhas do Destino!...

II

Basta saberes que és feliz, e então
Já o serás na verdade muito menos:
Na árvore amarga da Meditação,
A sombra é triste e os frutos têm venenos.

Se és feliz e o não sabes, tens na mão
O maior bem entre os mais bens terrenos
E chegaste à suprema aspiração,
Que deslumbra os filósofos serenos.

Felicidade... Sombra que só vejo,
Longe do Pensamento e do Desejo,
Surdinando harmonias e sorrindo,

Nessa tranqüilidade distraída,
Que as almas simples sentem pela Vida,
Sem mesmo perceber que estão sentindo...

CREPUSCULAR

Poente no meu jardim... O olhar profundo
Alongo sobre as árvores vazias,
Essas em cujo espírito infecundo
Soluçam silenciosas agonias.

Assim estéreis, mansas e sombrias,
Sugerem à emoção com que as circundo
Todas as dolorosas utopias
De todos os filósofos do mundo.

Sugerem... Seus destinos são vizinhos:
Ambas, não dando frutos, abrem ninhos
Ao viandante exânime que as olhe.

Ninhos onde, vencidas de fadiga,
A alma ingênua dos pássaros se abriga
E a tristeza dos homens se recolhe...

HISTÓRIA ANTIGA

No meu grande otimismo de inocente,
Eu nunca soube por que foi... um dia,
Ela me olhou indiferentemente,
Perguntei-lhe por que era... Não sabia...

Desde então, transformou-se, de repente,
A nossa intimidade correntia
Em saudações de simples cortesia
E a vida foi andando para a frente...

Nunca mais nos falamos... vai distante...
Mas, quando a vejo, há sempre um vago instante,
Em que seu mudo olhar no meu repousa,

E eu sinto, sem no entanto compreendê-la,
Que ela tenta dizer-me qualquer cousa,
Mas que é tarde demais para dizê-la...

ARTISTA

Por um destino acima do teu Ser,
Tens que buscar nas cousas inconscientes
Um sentido harmonioso, o alto prazer
Que se esconde entre as formas aparentes.

Sempre o achas, mas ao tê-lo em teu poder
Nem no pões na tua alma, nem no sentes
Na tua vida, e o levas, sem saber,
Ao sonho de outras almas diferentes...

Vives humilde e inda ao morrer ignoras
O Ideal que achaste... (Ingratidão das musas!)
Mas não faz mal, meu bômbix inocente:

Fia na primavera, entre as amoras,
A tua seda de ouro, que nem usas
Mas que faz tanto bem a tanta gente...

INGRATIDÃO

Nunca mais me esqueci!... Eu era criança
E em meu velho quintal, ao sol nascente,
Plantei, com a minha mão ingênua e mansa,
Uma linda amendoeira adolescente.

Era a mais rútila e íntima esperança...
Cresceu... cresceu... e, aos poucos, suavemente,
Pendeu os ramos sobre um muro em frente
E foi frutificar na vizinhança...

Daí por diante, pela vida inteira,
Todas as grandes árvores que em minhas
Terras, num sonho esplêndido, semeio,

Como aquela magnífica amendoeira,
Eflorescem nas chácaras vizinhas
E vão dar frutos no pomar alheio...

TORRE MORTA DO OCASO

Esguia torre ascética, esquecida
Na bruma de um crepúsculo profundo!
És, no mais triste símbolo do mundo,
A renúncia tristíssima da Vida!

Tua existência é um pensamento fundo
Levantado na pedra adormecida:
Bem sentes quanto é inútil e infecundo
O esforço na vertigem da subida!...

Como és profética de longe... quando,
Na moldura do poente de ouro e rosa,
Interpretando todos os destinos,

Vais por todos os ventos espalhando
Tua filosofia dolorosa,
Na balada sonâmbula dos sinos!...

MELANCOLIA

Poente!
Estas horas que estão passando, surdamente,
Nunca mais voltarão no tempo imaginário:
No jardim solitário,
Estão-se desfolhando, ingloriamente,
Tantas rosas divinas, a sonhar;
Rosas que poderiam debruar
Leitos de fadas, em guirlandas luminosas,
Emoldurar cabeças de poetas
E que jamais florescerão ante os meus olhos...
Por que, então,
Deixá-las, numa morte inútil e secreta,
Esfolharem-se, assim, anônimas e virgens,
Na sombra do jardim
Sobre a tarde serena?!...
Ah! se eu fosse colhê-las para mim!...

Não vale a pena!

*
* *

Poente!
Estas horas que estão passando surdamente
Nunca mais voltarão no tempo imaginário!
Na sombra do meu ser profundo e solitário
Tantas idéias límpidas, bailando,
Estão dizendo cousas infinitas...
Idéias que seriam minha história,
Minha imortalidade, minha glória,
E que por certo eu nunca mais encontrarei...
Por que, então,
Vê-las morrer, assim, sem voz, sem serem
                            [ditas?!...
Ah! se eu as animasse em palavras, eternas,
De uma vida magnífica e serena!...

Não vale a pena!

E O POETA FALOU...

Afinal, tudo que há de mais nobre e mais puro
Neste mundo de sombras e aparências
Fui eu quem revelou ou concebeu...

Fui a primeira luz neste planeta obscuro!
Fui a suprema voz de todas as consciências!
Fui o mais alto intérprete de Deus!

Dei alma à Natureza indiferente,
Inteligência às cousas, sentimentos
Às forças cegas e automáticas do Cosmos!...

Acompanhei e dirigi os povos
Na sua eterna migração para o Poente;
Levantei os primeiros monumentos
E os primeiros impérios milenários;
Teci as grandes lendas tutelares,
Despertei na memória das criaturas
A sua antiga tradição divina, →

Criando as religiões, as fábulas, os mitos
Para iludir a dor universal;
Abri os horizontes infinitos;
Bebi o néctar das primeiras taças;
Plasmei os altos símbolos humanos,
Sutilizei o instinto e imaginei o amor;
Fui a força ideal das civilizações!
O gênio transfigurador da História!
O espírito anônimo dos séculos!
E, harmonioso, profético, profundo,
Passei humanizando as cousas pelo mundo,
Para divinizar os homens sobre a Terra!

SÁTIRA

Também nós, seres raros, de divinas
Intenções e humaníssimas virtudes,
Levando os nossos sonhos para a frente
– Com a nossa íntima luz desconhecida –
Vamos fazendo cotidianamente,
Pelo mundo das almas pequeninas,
Nossas *Viagens de Gulliver* na Vida.

Lilliput... em farândolas grotescas
Os anõezinhos trêfegos, daninhos,
Diabólicos fantoches hilariantes,
Formigando nas estradas,
Bailando pelos caminhos,
Imaginam ridículas ciladas,
Insidiosas e inúteis emboscadas,
Ao passo distraído e imenso dos gigantes...

Eles passam... seu vulto enche os espaços,
E toda Lilliput alvoroçada →

– Simples despeitos de anão –
Erguendo em gestos maus todos os braços,
Deita impropérios, maldições, ameaças,
Mas eles vão e vêm e vêm e vão,
Num desprezo triunfal,
Com essa tolerância azul das grandes raças,
Tão ironicamente e mansamente,
Que os coitados pigmeus, não lhes tocando
Sequer o calcanhar, contentam-se, afinal,
Com pisar-lhes a sombra indiferente...

A calúnia do anão, pisar as sombras!...

"Por que será, então, que tudo é tão pequeno
Nessa cidadezinha universal?!
As paisagens, as almas, o ideal,
As figuras, a vida, os sentimentos?!"

E, assim pensando, com piedade e com doçura,
Os gigantes, de espírito sereno,
Vão passando, sorrindo e repassando
Por essa humanidade em miniatura...

Sim, porque é mesmo assim e sempre foi assim:
Quem vai pelo mistério das estradas,
Rumo ao país dos deuses e das fadas,
Por mais que evite ou que lute,
Tem de sempre passar por Lilliput,
Nessas *Viagens de Gulliver* da Vida...

A HORA CINZENTA...

Desce um longo poente de elegia...
Sobre as mansas paisagens resignadas;
Uma humaníssima melancolia
Embalsama as distâncias desoladas...

Longe, num sino antigo, a Ave-Maria
Abençoa a alma ingênua das estradas;
Andam surdinas de anjos e de fadas,
Na penumbra nostálgica, macia...

Espiritualidades comoventes
Sobem da terra triste, em reticência,
Pela tarde sonâmbula, imprecisa...

Os sentidos se esfumam, a alma é essência,
E entre fugas de sombras transcendentes,
O Pensamento se volatiliza...

PRUDÊNCIA

Não aprofundes nunca, nem pesquises
O segredo das almas que procuras:
Elas guardam surpresas infelizes
A quem lhes desce às convulsões obscuras.

Contenta-te com amá-las, se as bendizes,
Se te parecem límpidas e puras,
Pois se, às vezes, nos frutos há doçuras,
Há sempre um gosto amargo nas raízes...

Trata-as assim, como se fossem rosas,
Mas não despertes o sabor selvagem
Que lhes dorme nas pétalas tranqüilas,

Lembra-te dessas flores venenosas!
As abelhas cortejam de passagem,
Mas não ousam prová-las nem feri-las...

AOS QUE SONHAM

Não se pode sonhar impunemente
Um grande sonho pelo mundo afora,
Porque o veneno humano não demora
Em corrompê-lo na íntima semente...

Olhando no alto a árvore excelente,
Que os frutos de ouro esplêndidos enflora,
O Sonhador não vê, e até ignora
A cilada rasteira da Serpente.

Queres sonhar? Defende-te em segredo,
E lembra, a cada instante e a cada dia,
O que sempre acontece e aconteceu:

Prometeu e o abutre no rochedo,
O Calvário do Filho de Maria
E a cicuta que Sócrates bebeu!

PUDOR

Quando fores sentindo que o fulgor
Do teu Ser se corrompe e a adolescência
Do teu gênio desmaia e perde a cor,
Entre penumbras em deliqüescência,

Faze a tua sagrada penitência,
Fecha-te num silêncio superior,
Mas não mostres a tua decadência
Ao mundo que assistiu teu esplendor!

Foge de tudo para o teu nadir!
Poupa ao prazer dos homens o teu drama!
Que é mesmo triste para os olhos ver

E assistir, sobre o mesmo panorama,
A alegoria matinal subir
E a ronda dos crepúsculos descer...

UNIDADE

Deitando os olhos sobre a perspectiva
Das cousas, surpreendo em cada qual
Uma simples imagem fugitiva
Da infinita harmonia universal.

Uma revelação vaga e parcial
De tudo existe em cada cousa viva:
Na corrente do Bem ou na do Mal
Tudo tem uma vida evocativa.

Nada é inútil; dos homens aos insetos
Vão-se estendendo todos os aspectos
Que a idéia da existência pode ter;

E o que deslumbra o olhar é perceber
Em todos esses seres incompletos
A completa noção de um mesmo ser...

LEGENDA DOS DIAS

O Homem desperta e sai cada alvorada
Para o acaso das cousas... e, à saída,
Leva uma crença vaga, indefinida,
De achar o Ideal n'alguma encruzilhada...

As horas morrem sobre as horas... Nada!
E ao Poente, o Homem, com a sombra recolhida,
Volta, pensando: "Se o Ideal da Vida
Não veio hoje, virá na outra jornada..."

Ontem, hoje, amanhã, depois, e, assim,
Mais ele avança, mais distante é o fim,
Mais se afasta o horizonte pela esfera;

E a Vida passa... efêmera e vazia:
Um adiamento eterno que se espera,
Numa eterna esperança que se adia...

INSTINTO

Glória ao Instinto, a lógica fatal
Das cousas, lei eterna da criação,
Mais sábia que o ascetismo de Pascal,
Mais bela do que o sonho de Platão!

Pura sabedoria natural
Que move os seres pelo coração,
Dentro da formidável ilusão,
Da fantasmagoria universal!

És a minha verdade, e a ti entrego,
Ao teu sereno fatalismo cego,
A minha linda e trágica inocência!

Ó soberano intérprete de tudo,
Invencível Œdipo[1], eterno e mudo,
De todas as esfinges da Existência!...

---

1. Conserva-se aqui a grafia utilizada na edição *princeps* e nas três subseqüentes – com inicial latinizada e acentuação paroxítona, para obedecer à métrica, que pede sílaba tônica na sexta posição.

PLATÔNICO...

As idéias são seres superiores
– Almas recônditas de sensitivas –
Cheias de intimidades fugitivas,
De escrúpulos, melindres e pudores.

Por onde andares e por onde fores,
Cuidado com essas flores pensativas,
Que têm pólen, perfume, órgãos e cores
E sofrem mais que as outras cousas vivas.

Colhe-as na solidão... são obras-primas,
Que vieram de outros tempos e outros climas
Para os jardins de tua alma que transponho,

Para com elas teceres, na subida,
A coroa votiva do teu Sonho
E a legenda imperial da tua Vida.

IMAGINAÇÃO

Scherazada do espírito, que rendas
Num fio ideal de verossimilhança
O Símbolo e a Ilusão, únicas prendas
Que nos vieram dos deuses como herança!

Transformando em alhambras nossas tendas,
Na tua voz o nosso olhar alcança
As Mil e uma Noites da Esperança
E a esfera azul dos sonhos e das lendas!

Quando o despeito da Realidade
Nos fere, és quem de novo nos persuade,
Com teu consolo que nem sempre engana,

Porque, na tua esplêndida eloqüência,
És o sexto sentido da Existência
E a memória divina da alma humana!

SINCERIDADE

Homem que pensas e que dizes o que pensas!
Se queres que entre os homens e entre as
 [cousas
Tuas idéias vivam pelo mundo,
Crê bem nelas primeiro, sofre-as bem,
Faze com que elas vivam na tua alma,
Na mais sincera intimidade do teu Ser!

*
* *

Há idéias que na vida cultivamos,
Pela volúpia inútil de pensar,
Pela simples beleza, pela graça
Floral, pelo prazer que elas nos dão...
Por esse estado de ilusão chinesa
Em que nos adormecem a consciência:
Aquarelas efêmeras do espírito,
Paisagens meigas da imaginação,
Idéias lindas que não criam nada! →

Elas passam, radiantes, coloridas,
Na flutuação superficial do Pensamento;
Sim, são plantas aquáticas, nelumbos
De ouro equatorial, ninféias encantadas
Pela prata dos luares sedativos,
Leves vegetações de tintas luminosas,
Sonhos das águas trêmulas que passam
– Raízes a boiar no espelho das correntes –
Com músicas de cores pelas plumas,
Vaidades femininas pelas palmas,
Mas sem um grão de vida, sem um fruto,
Nessa esterilidade deslumbrante...

As idéias que criam, as idéias
Vivas que elevam religiões e impérios,
Gênios e heróis e mártires e santos;
As idéias orgânicas e eternas
Que dão nomes aos séculos, destinos
Às raças, glória aos homens, força à Vida,
Que nutrem almas e orientam povos,
Fecundam gerações e geram deuses
E que semeiam civilizações,
Essas terão que vir da nossa fonte humana,
Deitando profundíssimas raízes
No generoso espírito em que nasçam:
Terão que ser humanas, quer dizer,
Ser a nossa energia e a nossa fé,
Ser sementes recônditas, ser dores,
Sentimentos, paixões e quase instintos.
Ser vozes dos abismos transcendentes
Da consciência profunda... ser nós mesmos...
Porque as árvores mais fecundas são aquelas
Que mais fundas estão nas entranhas do solo
E mais fazem sofrer o coração da Terra!...

ÁRVORE DE NATAL

Tarde! Estou muito triste, triste assim
De uma tristeza imóvel e vazia...
E uma ronda de crianças esfuzia
Na aquarela chinesa do jardim...

Aos poucos a farândola leviana
Chega-se a mim, cerca-me ousadamente:
Inquietas larvazinhas de alma humana,
Misteriosos destinos em semente,
Vêm parar a meus pés depois – meigas violetas,
Sob a sombra de uma árvore doente.

Não tenho nada para dar-lhes, sou
Como um pinheiro contemplativo
Cujos ramos dolentes não têm frutos,
Que há muito um vento cruel os arrancou...

Mas elas pedem qualquer cousa e eu me
                              [comovo. →

Eu tenho tanta pena das crianças!
Elas são todo o mundo a começar de novo
Para as mesmas incertas caminhadas,
Para o mistério das encruzilhadas;
São toda a Humanidade que renasce,
Ingênua, simples e maravilhada,
Como a primeira vez que apareceu.

E, então (isso é dos santos e dos sábios),
Penduro na tristeza dos meus lábios
Cousas alegres que não são minhas;
Fábulas mansas, contos de fadas,
Histórias de anjos e rainhas
E uma porção de cousas encantadas,
Que vou distribuindo pelo bando...

E à tarde que se vai lentamente apagando,
Na aquarela chinesa do jardim,
Semeando alegrias e esperanças –
Minha tristeza é assim uma piedosa e linda
Árvore de Natal entre as crianças...

FORÇA MALDITA

Eras fraco e feliz, sem meditar,
E, na tua consciência vaga e obscura,
A vida, sob um luar de iluminura,
Era um conto de fadas para o olhar.

Um dia, um rude e pérfido avatar
Vestiu-te de uma força ingrata e impura,
E sonhaste a ciclópica aventura
De o espírito das cousas penetrar.

Mas, ah! homem ingênuo, desde quando
Deste o primeiro passo da escalada,
Foste, como um tristíssimo Sansão,

Na fúria da tua obra desgraçada,
Estremecendo, aluindo, derrubando
As colunas do Templo da Ilusão!...

VIVENDO...

Nós, incautos e efêmeros passantes,
Vaidosas sombras desorientadas,
Sem mesmo olhar o rumo das passadas
– Vamos andando para fins distantes...

Então, sutis, envolvem-nos ciladas
De pequenos acasos inconstantes,
Que vão desviando, a todos os instantes,
A linha leviana das estradas...

Um dia, todo o fim a que chegamos
Vem de um nada fortuito, entretecido
Nas surpresas das horas em que vamos...

Para adiante! ó ingênuos peregrinos!
Foi sempre por um passo distraído
Que começaram todos os destinos...

CANÇÃO DE TODOS

Duas almas deves ter...
É um conselho dos mais sábios;
Uma, no fundo do Ser,
Outra, boiando nos lábios!

Uma, para os circunstantes,
Solta nas palavras nuas
Que inutilmente proferes,
Entre sorrisos e acenos:
A alma volúvel das ruas,
Que a gente mostra aos passantes,
Larga nas mãos das mulheres,
Agita nos torvelinhos,
Distribui pelos caminhos
E gasta, sem mais nem menos,
Nas estradas erradias,
Pelas horas, pelos dias...

Alma anônima e usual,
Longe do Bem e do Mal, →

Que não é má nem é boa,
Mas, simplesmente, ilusória,
Ágil, sutil, diluída,
Moeda falsa da Vida,
Que vale só porque soa,
Que compra os homens e a glória
E a vaidade que reboa:
Alma que se enche e transborda,
Que não tem porquê nem quando,
Que não pensa e não recorda,
Não ama, não crê, não sente,
Mas vai vivendo e passando
No turbilhão da torrente,
Través intricadas teias,
Sem prazeres e sem mágoas,
Fugitiva como as águas,
Ingrata como as areias.

Alma que passa entre apodos
Ou entre abraços, sorrindo;
Que vem e vai, vai e vem,
Que tu emprestas a todos,
Mas não pertence a ninguém.

Salamandra furta-cor,
Que muda ao menor rumor
Das folhas pelas devesas;
Alma que nunca se exprime,
Que é uma caixa de surpresas
Nas mãos dos homens prudentes;
Alma que é talvez um crime,
Mas que é uma grande defesa.

*
* *

A outra alma, pérola rara,
Dentro da concha tranqüila,
Profunda, eterna e tão cara
Que poucos podem possuí-la,

É alma que nas entranhas
Da tua Vida murmura
Quando paras e repousas.
A que assiste das Montanhas
Às livres desenvolturas
Do panorama das cousas
Para melhor conhecê-las.
Essa que olha as criaturas,
Sem jamais comprometê-las,
Entre perdões e doçuras,
Num pudor silencioso,
Com o mesmo olhar generoso
Com que contempla as estrelas
E assiste o sonho das flores...

Alma que é apenas tua,
Que não te trai nem te engana,
Que nunca se desvirtua,
Que é a voz do Mundo em surdina,
Que é a semente divina
Da tua têmpera humana.

Alma que só se descobre
No mundo contemplativo,
Para uma lágrima nobre, →

Para um heroísmo afetivo,
Nas íntimas confidências
De verdade e de beleza:
Milagre da natureza,
Transcorrendo em reticências,
Num sonho límpido e honesto,
De idealidade suprema,
Ora aflorando num gesto,
Ora subindo num poema.

Fonte do Sonho, jazida
Que se esconde aos garimpeiros,
Guardando, em fundos esteiros,
O ouro da tua Vida.

Alma de santo e pastor,
De herói, de mártir e de homem;
A redenção interior
Das forças que te consomem,
A legenda e o pedestal
Da aspiração infinita
Que se aprofunda e se agita
No teu ser universal.

Alma profunda e sombria,
Que ao fechar-se cada dia,
Sob o silêncio fecundo
Das horas graves e calmas,
Te ensina a filosofia
Que descobriu pelo mundo,
Que aprendeu nas outras almas.

Duas almas tão diversas
Como o poente das auroras:
Uma, que passa nas horas;
Outra, que fica no Tempo.

SUPERSTIÇÃO?

As almas, como as flores, no lugar
Em que viveram deixam, longamente,
Sua íntima essência errando no ar,
Numa vaga fluidez reminiscente...

Vede essas velhas casas que, a passar
Pelos olhos do tempo indiferente,
Foram o sereníssimo ambiente
De alguma longa história familiar!...
Há no seu gênio obscuro, misteriosas
Influências humanas, insensíveis
Contágios de alma que não percebemos,
Frias fatalidades traiçoeiras
Adormecidas no silêncio antigo...

Exalam do segredo das entranhas
Forças sutis e sugestões estranhas
Que nos descem ao fundo dos sentidos
E se vão infiltrando, lentamente, →

Na alma dos visitantes distraídos...
Ao lhes transpormos as sombrias portas,
Nunca sabemos o que nos espera
Nesses tristes jardins de sombras mortas
– Fantasmas de uma antiga primavera...

Dentro, tudo morreu... mas, presa a um fio
Intangível,
Uma vida fantástica, invisível
Vive em essência no ar sonâmbulo e vazio...

*
* *

As almas, como as flores, no lugar
Em que viveram deixam, longamente,
A sua exalação errando no ar,
Numa vaga fluidez reminiscente...

A ALMA DAS COUSAS SOMOS NÓS...

Dentro do eterno giro universal
Das cousas, tudo vai e volta à alma da gente,
Mas, se nesse vaivém tudo parece igual,
Nada mais, na verdade,
Nunca mais se repete exatamente...

Sim, as cousas são sempre as mesmas na
                                      [corrente
Que no-las leva e traz, num círculo fatal;
O que varia é o espírito que as sente
Que é imperceptivelmente desigual,
Que sempre as vive diferentemente,
E, assim, a vida é sempre inédita, afinal...

Estados de alma em fuga pelas horas,
Tons esquivos e trêmulos, nuanças
Suscetíveis, sutis, que fogem no íris
Da sensibilidade furta-cor... →

E a nossa alma é a expressão fugitiva das
[cousas
E a vida somos nós, que sempre somos outros!...

Homem inquieto e vão que não repousas!
Pára e escuta:
Se as cousas têm espírito, nós somos
Esse espírito efêmero das cousas,
Volúvel e diverso,
Variando, instante a instante, intimamente,
E eternamente,
Dentro da indiferença do Universo!...

PARA A VERTIGEM!

Alma, em teu delirante desalinho,
Crês que te moves espontaneamente,
Quando és na Vida um simples rodamoinho,
Formado dos encontros da torrente!

Moves-te porque ficas no caminho
Por onde as cousas passam, diariamente:
Não é o Moinho que anda, é a água corrente
Que faz, passando, circular o Moinho...

Por isso, deves sempre conservar-te
Nas confluências do Mundo errante e vário,
Entre forças que vêm de toda parte.

Do contrário, serás, no isolamento,
A espiral, cujo giro imaginário
É apenas a Ilusão do Movimento!...

DO MEU EVANGELHO

Para possuíres a filosofia
Das cousas, como um cético risonho,
Cheio de uma bondade comovida,
É preciso que tenhas algum dia
Escapado da Vida para o sonho
E voltado do sonho para a vida.

*
* *

Procura o espaço livre e as macias alfombras
E vive sem pensar! Basta que o Sentimento
Te una à Vida e a renove, quando em quando...
As idéias enganam como as sombras,
São as sombras das cousas flutuando
No espelho móvel do teu pensamento!...

*
* *

Pratica os teus sentidos nobremente
Na sensação das cousas belas e harmoniosas,
E, assim, educarás melhor uma alma linda,
Parecida com tudo que sentires!

*
* *

Por que este desespero de que falas?
Se não crês bem nas cousas, nem descrês,
Ama-as embora, porque o teu prazer
Lhes dará a mais viva das verdades!
Não é preciso crer nas cousas, basta amá-las,
Sendo que amar é muito mais que crer...

*
* *

Cada alma, sem sentir e sem querer,
Fia através dos dias, urde, tece
O seu destino – a inextricável teia!
Vive, faz e desfaz, passa e se esquece...
Mas os frutos que colhe em sua messe
São bem filhos dos germes que semeia...

*
* *

A alma da gente muda tanto nesta vida,
Na sua história escrita sobre a areia,
Que um dia, ao recordar-se de si mesma,
Numa hora esquecida,
Já nem se reconhece mais e sente, →

Estranhamente,
Que tudo aquilo que ela está lembrando
São as recordações de uma alma alheia!...

*
* *

Teu horóscopo está em ti, seja onde for
– Sem que o saibas e o pesquises –
Na sombra do teu ser mais íntimo e interior,
Como, presos ao solo áspero e bruto,
Estão bem dentro da alma das sementes,
Na natureza eterna das raízes,
O gosto original de cada fruto
E o perfume sutil de cada flor...

*
* *

Escuta: Pelo bem que tu fizeres,
Espera todo o mal que não farias!
Essa é a mais triste das filosofias
Que aprendi entre os homens e as mulheres!

*
* *

Queres saber minha história?
Não na tenho na memória...
Não tem fim, não teve fundo:
É a lenda da Humanidade,
É a própria história do Mundo!...

GAIA CIÊNCIA

Ator e espectador do drama humano
– Homem, Filho do Bem, Filho do Mal –
Sei de tudo, desci ao fundo amargo
Das idéias, das cousas, das criaturas,
E, dentro da tragédia universal,
Fui anjo, fui reptil[1] e o vôo largo
Das águias suspendi pelas alturas
Eternas das idéias infinitas.

Sofri as leis humanas e divinas...
Pensei, senti, vivi profundamente
Todas as grandes realidades vivas
E encontrei as verdades cristalinas
Do universo visível e aparente
No coração das horas fugitivas...

---

1. Réptil, preferindo-se a forma oxítona para conservar o andamento do verso, com tônica na sexta sílaba.

Nada escapou à minha penetrante
Impressão da Existência. Vivi tudo!...
E tudo que eu vivi, do claro ao misterioso,
Foi destilado na palheta latejante
E passou pelo filtro íntimo e mudo
De um alto pensamento generoso.

Despindo as formas leves e vaidosas,
Rasgando as superfícies ilusórias,
A minha alma alongou suas raízes
Insinuantes, sutis, silenciosas,
Pelas intimidades infelizes
De tudo quanto viu dentro da Vida.

E cresceu, floresceu, sorvendo gota a gota
Essa seiva de fel, ácida e ingrata,
Que há no fundo sombrio das Verdades.
E dentro dos seus frutos coloridos,
Que um meigo vento lírico desata,
Ainda há vivos venenos diluídos,
Que o puro azul dos céus serenos ameniza.

Sei de tudo! Conheço a vida a fundo!
Sei o que quer dizer uma existência humana!...
O meu sereno ser já não se engana
Com cousa alguma dentro deste mundo!

Entretanto, não sei... cada manhã que nasce,
Cheia de virgindade e adolescência,
Eu saio para a Vida,
Levando uma alma nova e um sorriso na face,
Sentindo, vagamente, que esse dia
É o meu primeiro dia de existência...

EXORTAÇÃO

Sê na Vida a expressão límpida e exata
Do teu temperamento, homem prudente;
Como a árvore espontânea que retrata
Todas as qualidades da semente!

O que te infelicita é sempre a ingrata
Aspiração de uma alma diferente,
É meditares tua forma inata,
Querendo transformá-la, de repente!

Deixa-te ser!... e vive distraído
Do enigma eterno sobre que repousas,
Sem nunca interpretar o seu sentido!

E terás, de harmonia com tua alma,
Essa felicidade ingênua e calma,
Que é a tendência recôndita das cousas!...

EGOCENTRISMO

Tudo que te disserem sobre a Vida,
Sobre o destino humano, que flutua,
Ouve e medita bem, mas continua
Com a mesma alma liberta e distraída!

Interpreta a existência com a medida
Do teu Ser! (a verdade é uma obra tua!)
Porque em cada alma o Mundo se insinua,
Numa nova Ilusão desconhecida.

Vai pelos próprios passos, num assomo
De quem procura por si próprio o fundo
Da eterna sensação que as cousas têm!

Existe, em suma, por ti mesmo, como
Se antes da tua sombra sobre o Mundo
Não houvera existido mais ninguém!...

SABEDORIA

Tu que vives e passas, sem saber
O que é a vida nem por que é, que ignoras
Todos os fins e que, pensando, choras
Sobre o mistério do teu próprio Ser,

Não sofras mais à espera das auroras
Da suprema verdade a aparecer:
A verdade das cousas é o prazer
Que elas nos possam dar à flor das horas...

Essa outra que desejas, se ela existe,
Deve ser muito fria e quase triste,
Sem a graça encantada da incerteza...

Vê que a Vida afinal – sombras, vaidades –
É bela, é louca e bela, e que a Beleza
É a mais generosa das verdades...

... ET OMNIA VANITAS...

... E vive assim... Como filosofia
O Prazer, como glórias e esperanças
Uma vida espontânea e correntia
E um gesto irônico ao que não alcanças!

Seja a vida um punhado de horas mansas,
Numa felicidade fugidia:
A piedosa ilusão de cada dia
E o bailado de sombras das lembranças.

Ama as cousas inúteis! Sonha! A Vida...
Viste que a Vida é uma aparência vaga
E todo o imenso sonho que semeias,

Uma legenda de ouro, distraída,
Que a ironia das águas lê e apaga,
Na memória volúvel das areias!...

IRONIA!

Ironia! Ironia!
Minha consolação! Minha filosofia!
Imponderável máscara discreta
Dessa infinita dúvida secreta
Que é a tragédia recôndita do ser!
Muita gente não te há de compreender
E dirá que és renúncia e covardia!
Ironia! Ironia!
És a minha atitude comovida:
O amor-próprio do Espírito, sorrindo!
O pudor da Razão diante da Vida!

A ÚLTIMA CANÇÃO DO HOMEM...

Rei da Criação, por mim mesmo aclamado,
Quis, vencendo o Destino, ser o Rei
De todo esse Universo ilimitado
Das idéias que nunca alcançarei...

Inteligência... esse anjo rebelado
Tombou sem ter sabido a eterna lei:
Pensei demais e, agora, apenas sei
Que tudo que eu pensei estava errado...

De tudo, então, ficou somente em mim
O pavor tenebroso de pensar,
Porque as idéias nunca tinham fim...

Que mais resta da fúria malograda?
Um bailado de frases a cantar...
A vaidade das formas... e mais nada...

DIÁLOGO FINAL

– Como são lindos os teus grandes versos!
Que colorido humano! que profundo
Sentido e que harmonia generosa
Encerram, nos seus símbolos diversos!...

– Sim, mas para fazê-los fui ao fundo
Das cousas, nessa Via Dolorosa
Do Pensamento, que no fim é sempre triste.
Sofri muito entre os seres infelizes...
Tu não sabes de nada... tu não viste...

– Não, nunca imaginei o que me dizes...
Mas teus versos me fazem tanto bem,
São tão belos, de formas tão luxuosas!...

– É isso mesmo!... É a beleza irônica que vem
Da amargura invisível das raízes,
Para dar a vaidade efêmera das rosas...

ÚLTIMOS POEMAS

EUGENIA

Nascemos um para o outro, dessa argila
De que são feitas as criaturas raras.
Tens legendas pagãs nas carnes claras
E eu tenho a alma dos faunos na pupila.

Às belezas heróicas te comparas
E, em mim, a luz olímpica cintila.
Gritam, em nós, todas as nobres taras
Daquela Grécia esplêndida e tranqüila.

É tanta a glória que nos encaminha
Em nosso amor de seleção, profundo,
Que, ao longe, eu ouço o oráculo de Elêusis.

Se um dia eu fosse teu e fosses minha,
O nosso amor conceberia um mundo
E, do teu ventre, nasceriam deuses...

CRISTIANISMO

Sonho um cristianismo singular
Cheio de amor divino e de prazer humano;
O Horto de Mágoas sob um céu virgiliano,
A beatitude com mais luz e com mais ar...

Um pequeno mosteiro em meio de um pomar,
Entre loureiros-rosa e vinhas de todo o ano,
Num misticismo lírico, a sonhar
Na orla florida e azul de um lago italiano...

Um cristianismo sem renúncia e sem martírios,
Sem a pureza melancólica dos lírios,
Temperado na graça natural...

Cristianismo de bom humor, que não existe,
Onde a Tristeza fosse um pecado venial,
Onde a Virtude não precisasse ser triste...

DECADÊNCIA

Afinal, é o costume de viver
Que nos faz ir vivendo para a frente.
Nenhuma outra intenção, mas, simplesmente,
O hábito melancólico de ser...

Vai-se vivendo... é o vício de viver...
E se esse vício dá qualquer prazer à gente,
Como todo prazer vicioso é triste e doente,
Porque o Vício é a doença do Prazer...

Vai-se vivendo... vive-se demais,
E um dia chega em que tudo que somos
É apenas a saudade do que fomos...

Vai-se vivendo... e muitas vezes nem sentimos
Que somos sombras, que já não somos mais nada
Do que os sobreviventes de nós mesmos!...

"ALMAS DESOLADORAMENTE FRIAS"

Almas desoladoramente frias
De uma aridez tristíssima de areia,
Nelas não vingam essas suaves poesias
Que a alma das cousas, ao passar, semeia...

Desesperadamente estéreis e sombrias
Onde passam (triste aura que as rodeia!)
Deixam uma atmosfera amarga, cheia
De desencantos e melancolias...

Nessa árida rudeza de rochedo,
Mesmo fazendo o bem, sua mão é pesada,
Sua própria virtude mete medo...

Como são tristes essas vidas sem amor,
Essas sombras que nunca amaram nada,
Essas almas que nunca deram flor...

"AO MENOS UMA VEZ EM TODA A VIDA"

Ao menos uma vez em toda a vida
A Verdade passou pela alma de cada homem...
Passou muito alto, muito vaga, muito longe,
Como os fantasmas, que mal chegam, somem,
Passou em sombra, num reflexo fugidio,
Foi a sombra de um vôo refletida
No espelho da água trêmula de um rio...

Sombra de um vôo na água trêmula: Verdade!
Passou uma só vez em toda a vida
E sempre dessa vez a alma dos homens
Estava distraída,
E não reconheceu na sombra desse vôo
A ave ideal que planava no alto azul...
Quando volveu os olhos para a altura
Ela já ia desaparecendo...

Dela nada ficou no olhar triste dos homens,
Nem a lembrança de seu vulto incerto...

Passou uma só vez em toda a vida!
Sombra de um vôo na água trêmula: Verdade!
E esse vôo,
Que nunca mais voltou no mesmo céu deserto,
Nem ao menos deixou a sombra dentro d'água...

DE UM FANTASMA

Na minha vida fluida de fantasma
Sou tão leve que quase nem me sinto.
Nem há nada mais leve nem tão leve.
Sou mais leve do que a euforia de um anjo,
Mais leve do que a sombra de uma sombra
Refletida no espelho da Ilusão.

Nenhuma brutal lei do Universo sensível
Atua e pesa e nem de longe influi
Sobre o meu ser vago, difuso, esquivo,
E no éter sereníssimo flutuo
Com a doce sutileza imponderável
De uma essência ideal que se volatiliza...

Passo através das cousas mais sensíveis
E as cousas que atravesso nem me sentem,
Porque na minha plástica sutil
Tenho a delicadeza transcendente
Da luz, que flui través os corpos transparentes.
Sou quase imaterial como uma idéia...

E da matéria cósmica que tem
Tantos e variadíssimos estados
Eu sou o estado-alma, quer dizer,
O último estado rarefeito, o estado ideal:
Alma, o estado divino da matéria!...

SÍNTESE

Somos, na Vida, a síntese apurada
De tudo o que viveu antes de nós;
Sou a compendiação cristalizada
Da história milenar dos meus avós.

Em mim, austeramente, continua
Uma raça de velho itinerário,
E eu conservo, no fundo da alma nua,
O cunho do destino hereditário.

Quem me vê!... E eu condenso mil essências
– Sedimentos de idades e de idades –
Na verdade incisiva das tendências,
Nos meus impulsos e capacidades.

Restos de dias mortos e resíduos
De gerações e tempos indistintos
São a razão de ser dos indivíduos,
O segredo latente dos instintos.

Cada atitude, cada gesto dado
Que o nosso íntimo espírito acomete
É um momento da raça renovado,
É um minuto ancestral que se repete.

Nós, desde o homem que pensa à planta
                              [e à lesma,
Somos uma seqüência enorme e vasta,
Uma força remota que se gasta
Na sucessão contínua de si mesma.

E é por isso que eu sinto e nós sentimos,
Em momentos recônditos extremos,
A saudade das cousas que não vimos
E o orgulho de tudo o que não temos.

Ser novo é um paradoxo inconsistente
Que só vive nos nossos pensamentos;
O que há de novo é o aspecto diferente
Lastreado dos mesmos fundamentos.

A Evolução!... E, com ela, melhoramos,
Mas a Alma melhorando se enfraquece,
Tal como a gota d'água que desfiamos,
Que, quanto mais se apura, mais decresce.

Sim! Que o destino em seu maior conceito,
Na agitação dinâmica do Ser,
É ir lutando para ser perfeito
E ser perfeito é desaparecer...[1]

---

1. Em *Autores e Livros* saiu "*e* desaparecer".

TRANSUBSTANCIAÇÃO

Esta carne em que existo há de tornar-se, um dia,
Em húmus germinal, em seiva fecundante;
Decompondo-se em Pó, há de ser a energia
De vidas que sobre ela hão de viver adiante.

Será fonte, Princípio, a tábida apatia
De um Movimento novo intérmino e constante;
Sua ruína será a feraz embriogenia
De outros tipos de Vida, instante para instante.

Há de um horto florir por sobre o seu passado:
Borboletas iriais e anêmonas olentes,
Vidas da minha Morte, eu mesmo transformado...

E, assim, irei buscando a Perfeição perdida,
Vivendo na Emoção de seres diferentes,
Que a Morte é a transição da Vida para a Vida...

DUAS HISTÓRIAS...

– Era um dia um pastor ingênuo...
– Sim, todos os pastores são ingênuos...
– Que numa noite azul quis contar as estrelas.
– Quantas foram por fim as estrelas contadas?
– Não! Ele compreendeu a inocente loucura,
Não continuou na conta...
Viu que em torno de cada estrela que contava
Surgiam mais de mil que nunca tinha visto...
Foi quem primeiro soube neste mundo
Que a conta das estrelas não tem conta...

– Pois foi um dia um sábio muito triste...
– Todos os sábios são muito tristes...[1]
– Quis contar as verdades do Universo.
– Quantas são as verdades que contou?[2] →

---

1. Único verso do manuscrito em medida ímpar (nove sílabas) – provavelmente uma distração do autor.
2. Este verso e o anterior aparecem no original sem travessão.

– Não! Ele compreendeu a inocente loucura,
Foi quem primeiro soube neste mundo
Que quem busca verdades não faz mais[3]
Do que multiplicar as dúvidas que tem.

---

3. Em algumas edições este verso aparece desdobrado em dois, a exemplo da versão um tanto desconexa publicada em *Autores e Livros*: "Que quem ver e contar as verdades / Apenas faz – buscar verdades não faz nada."

PRIMEIROS POEMAS

"CALA A BOCA, MEMÓRIA!"

Cala a boca, Memória! Basta, basta!
O que o Tempo te disse não me digas.
Que pareces até minha madrasta
Quando me vens cantar tuas cantigas.

Tua voz me faz mal e me vergasta,
E a chorar, muitas vezes, tu me obrigas.
Piedade, Memória leonoclasta,
Não despertes, assim, dores antigas.

Vai, recolhe-te à tua soledade,
E que o teu braço nunca mais me leve
À sepultura da Felicidade!

Segue um conselho meu, de ora em diante:
Junto a quem está de luto, não se deve
Falar de quem morreu, a todo instante...

"SEI DE TUDO O QUE EXISTE PELO MUNDO"

Sei de tudo o que existe pelo mundo.
A forma, o modo, o espírito e os destinos.
Sei da vida das almas e aprofundo
O mistério dos seres pequeninos.

Sei da ciência do Espaço, sei o fundo
Da terra e os grandes mundos submarinos,
Sei o Sol, sei o Som e o elo profundo
Que há entre os passos humanos e os divinos.

Sei de todas as cousas, a teoria
Do Universo e as longínquas perspectivas
Que emergem da expressão das cousas vivas.

Sei de tudo e – oh! tristíssima ironia! –
Pelo caminho eterno por que vou,
Eu, que sei tudo, só não sei quem sou...

"MAIO. SOL DE SAINT-LOUP"

Maio. Sol de Saint-Loup. Declina o dia.
Eu e Silêncio – os dois – o olhar profundo,
Numa contemplação erma e sombria
Neste recanto inédito do mundo...

Lá embaixo, a fímbria azul dos montes quietos.
Pesa-me ao olhar, em trêmulos recortes,
Como nas sugestões das águas-fortes,
A beleza parada dos aspectos...

É bem a Suíça clássica que avisto,
Calma, brumal, profundamente calma,
Sem o menor espasmo do imprevisto
Na branca anestesia de sua alma...

Tudo na mesma estática atitude...
Montando as serranias, pelos flancos,
Em igual sucessão, sóbrios, marmóreos,
Destaco, ao longe, austeramente brancos,
Os vultos varonis dos sanatórios...

DESCONFIANDO

Tu pensas como eu penso, vês se eu vejo,
Atento, tu me escutas quando falo;
Bem antes que te exponha o meu desejo,
Já pronto estás correndo a executá-lo.

Achas em tudo um venturoso ensejo
De servir-me de servo e de vassalo;
Perdoa-me a verdade num gracejo:
Serias, se eu quisesse, o meu cavalo...

Mas não penses que estólido eu te creia
Como um Patroclo abnegado, não.
De todos os excessos se receia...

O certo é que, em rancor, por dentro estalas;
Odeias-me, que eu sei, mas, histrião,
Beijas-me as mãos por não poder cortá-las...

CIGANOS

Lá vêm os saltimbancos, às dezenas,
Levantando a poeira das estradas,
Vêm gemendo bizarras cantilenas,
No tumulto das danças agitadas.

Vêm num rancho faminto e libertino,
Almas estranhas, seres erradios,
Que têm na Vida um único destino,
O Destino das aves e dos rios.

Ir mundo a mundo é o único programa,
A disciplina única do bando;
O cigano não crê, erra, não ama,
Se sofre, a sua dor chora cantando.

Nunca pararam desde que nasceram.
São da Espanha, da Pérsia ou da Tartária?
Eles mesmos não sabem; esqueceram
A sua antiga pátria originária...

Quando passam, aldeias, vilarinhos
Maldizem suas almas indefesas,
E a alegria que espalham nos caminhos
É talvez um excesso de tristezas...

Quando acampam de noite, é no relento
Que vão sonhar seu Sonho aventureiro;
Seu teto é o vácuo azul do Firmamento.
Lar? O lar do cigano é o mundo inteiro.

Às vezes, em vigílias ambulantes,
A noite em fora, entre canções dalmatas,
Vão seguindo ao Luar, vão delirantes,
Alados no langor das serenatas.

Gemem guslas e vibram castanholas,
E este rumor de errantes cavatinas
Lembra cousas das terras espanholas,
Nas saudades das terras levantinas.

E, então, seus vultos tredos envolvidos
Em vestes rotas, sórdidas, imundas,
Vão passando por ermos esquecidos,
Como um grupo de sombras vagabundas.

Lá vêm os saltimbancos, às dezenas,
Levantando a poeira das estradas,
Vêm gemendo bizarras cantilenas,
No tumulto das danças agitadas.

Povo sem Fé, sem Deus e sem Bandeira!
Todos o temem como horrível gente,
Mas ele, na existência aventureira,
Ri-se do medo alheio, indiferente.

E, livres como o Vento e a Luz volante,
Sob a aparência de Infelicidade,
Realizam, na sua vida errante,
O poema da eterna Liberdade.

NO PALCO DAS CONVENIÊNCIAS

Quanta cousa já disse a quanta gente
De lisonjeiro e áspero em conversa,
Pensando muita vez contrariamente,
Sentindo muita vez de forma inversa.

Blandices[1] já cantei tão docemente,
Quando num mar de ódio tinha imersa
A minh'alma espumando rudemente:
Quanta vez já menti, quando em conversa.

Já disse aborrecer, quando adorava.
Quantas almas feri perfidamente:
Quanto amor simulei, quando odiava.

Não me arrependo deste mal que fiz:
Quanta cousa se diz que não se sente,
Quanta cousa se sente e não se diz.

---

1. Forma apocopada de "blandícies" (meiguice, brandura).

O ABSURDO DO DESEJO

O desejo nos vem do Mundo, vem
Das cousas que circundam nosso Ser.
Queremos porque vimos, e ninguém
Deseja sem ter visto, ou quer sem ver.

Se desperta no espírito de alguém
A vontade tenaz e sã de Ter
Qualquer cousa que o Mundo em si contém,
É dela que lhe vem este querer.

Entrega-se-lhe a cousa de que nasce:
E, assim, consegue o bem maravilhoso,
Num grato fim, num grato desenlace...

... Assim consiga... se o querer fruiu
Da cousa de que veio a posse, o gozo,
Chora a pedir o que ele nunca viu.

DOLMENS

No umbroso coração das selvas da Bretanha,
Em seu sono fatal, tristonhos e parados,
Ei-los, como titãs após rubra façanha
Vencidos e, quiçá, insensibilizados!

Quem sabe que agonia eterna os acompanha,
Sacrários sem fiéis, tabus abandonados?
É que guardam talvez na pedernal entranha
A dor de terem sido um dia desprezados...

São gênios que ao luar do Olvido adormeceram
Imersos na mudez do seu eterno encanto,
Como ossadas letais de crenças que morreram.

E, ao vê-los, a minh'alma, às vezes, mesmo cuida
Que eles falem ao Tempo, em seu sagrado
                                     [pranto,
Da saudade imortal do derradeiro Druida.

CASTELO ANTIGO

Ele, que o negro exílio, outrora, foi de tantos
Corações na inocência e vidas tortuosas,
Clausurando a um só tempo a placidez de santos
E a revolta febril das almas criminosas;

Ele, que ouviu, vai longe, a tragédia dos prantos,
Os lamentos sem fim de vozes clangorosas
Percutindo, a morrer, nos sombrios recantos
Da mole locular das muralhas lodosas;

Hoje, tendo a feição de um eterno segredo,
Transverbera na fronte uma expressão dolente
De quem traz em si próprio o saudoso degredo.

Sombra vaga e espectral de grandezas caídas
Que um perverso Avatar rojou serenamente
No silêncio fatal das cousas esquecidas...

MINHA GLÓRIA

Em maio sempre o Tempo ajuda as sementeiras.
As alvas de cristal e os poentes de amaranto
Inoculam na terra a seiva de um encanto,
Que entretece o esplendor de florações inteiras.

Lavro, pois, o meu campo em doiradas esteiras,
E guardo no seu seio uma semente: planto
Toda a sua Promessa a um mágico recanto,
E deixo-a, enquanto espero as eclosões primeiras.

Amanhã virá o dia, em que, copada e adulta,
Feita árvore, dará Sombra, Pão e Opulência.
O Tesouro ideal que em seu recesso oculta.

Mas não são para mim as suas prendas; hei
De me ir, tendo-as sonhado, em vão, toda a
                                    [existência:
Ah! e outros lograrão os frutos que eu sonhei.

"TUDO QUE A VELHA NATUREZA GERA"

Tudo que a velha Natureza gera
Vai sempre rumo do[1] melhor futuro;
Ela fecunda com o ânimo seguro
De quem muito medita e delibera...

O seu gênio de artista mais se esmera
Na teoria sutil do claro-escuro,
Com que exalta a verdade mais austera,
Frisando em tudo o símbolo mais puro...

Só fez o Mau e o Hediondo para efeito
De projetar mais longe e sem nuance
A alma cheia de luz do que é perfeito,

Como cavou o Abismo nas entranhas,
Para dar mais relevo e mais alcance
À soberba estatura das montanhas...

---

1. O mesmo que "rumo ao" (preterindo-se a forma mais corrente para evitar a elisão, que estragaria o decassílabo).

ODE A UM POETA MORTO

ODE A UM POETA MORTO

À memória de Olavo Bilac

Semeador de harmonia e de beleza
Que num glorioso túmulo repousas,
Tua alma foi um cântico diverso,
Cheio da eterna música das cousas:
Uma voz superior da Natureza
E uma idéia sonora do Universo!

Onde passaste, ao longo das estradas,
Linhas de imagens rútilas e vivas,
Em filigrana,
Foram tecendo, como o olhar das fadas,
Nas mais nobres e belas perspectivas,
O panorama dos ideais da Terra
E a ondulante paisagem da alma humana.

Toda a emoção, que anda nas cousas, fala,
Nos seus diversos tons e reflexos e cores, →

Pela tua palavra irisada de opala,
Feita de radiações e finas tessituras:
Desde a vida sutil da borboleta
À alma leve das águas e das flores,
À exaltação do Sol e ao sonho das criaturas:
Toda a sensualidade esparsa do Planeta.

Freme em tua arte o sangue de Dionisos,
Diluído nas virtudes apolíneas;
E do seu seio voluptuoso chovem
Alvas formas pagãs, ardentes frisos,
Baixos-relevos, camafeus, sangüíneas,
Numa palpitação de carne jovem.

Desfolhando um esplêndido destino,
A tua mão teve, por sentimento,
A sutileza platônica e a doçura
De um florentino do Renascimento,
Que, atormentado de ímpetos românticos,
Trabalhasse em esmalte do Piemonte,
Contendo no cinzel lascivo e fino
O sonho capitoso de Anacreonte
E o lirismo sensual do *Cântico dos Cânticos*.

Vieste de longe para longe. A tua
Alma encarnou-se em outras entidades,
Em outros povos, tempos e países,
E, deslumbrante, continua,
Plástica, móvel, irisada e nua,
A longa emigração pelas idades,
Deixando atrás de si seus frutos e raízes.

Ode a um poeta morto

Foste o Homem de sempre, no prestígio
De poeta sensualista, atravessando as eras.
Por toda parte encontro o teu vestígio:
Um dia, na Índia védica, sonhando
No limiar das eternas primaveras
– As mãos cheias de rosas e ametistas –
Fazes oblatas líricas e votos
Aos poderosos gênios avatares
E escreves os teus poemas animistas
Na folha dos nelumbos e dos lótus,
Na flor sonâmbula dos nenufares[1]...
E os teus versos, nos quais um grande sonho
                              [abranges,
Vão descendo a cantar na corrente do Ganges.

Depois, pastor na Argólida ou no Epiro,
Vivendo entre os rebanhos, em retiro,
Ao luar, sobre as montanhas, passo a passo,
Vais contando as estrelas pelo espaço,
E a sonata sutil da tua avena
Tem o sabor do favo das abelhas
E a melodia simples e serena
Da alma dócil e errante das ovelhas.

Mais tarde, na Tessália, entre as selvas e os rios,
Companheiro dos sátiros vadios,
Modulas o teu canto surpreendente,
E vais buscar o som das tuas rimas
No *intermezzo* das fontes, ao nascente,
Na canção das águas frescas,
Na orquestração nostálgica dos ventos, →

---

1. Variante paroxítona de "nenúfares", necessária à métrica e à rima.

No tropel dos centauros truculentos,
Nas gargalhadas faunescas,
Na púrpura radiante das vindimas.

Mal doura o sol a folha das videiras
E ouves o ruído das primeiras frautas,
Sais a espreitar, horas e horas,
Sobre a areia de prata das ribeiras,
As oréadas trêfegas e incautas,
De braços entrelaçados,
Urdindo a teia de ouro das auroras,
Na fantasmagoria dos bailados.

Reapareces, depois de vidas tantas,
Com o mesmo coração sonoro e imenso,
Dentro das cortes bíblicas, e cantas,
Na harpa esguia e ritual, entre espirais de incenso,
As vitórias dos reis e as searas benditas,
As lendas do Jordão e o olhar das moabitas.

Voltas ainda à Grécia, onde pertences
Ao povo e és o poeta da cidade.
Honras a velha raça dos rapsodos;
A tua voz tem a sublimidade
Do perfume dos parques atenienses:
E é uma expressão da pátria e o evangelho de
[todos.

Trazes mirtos e pâmpanos na fronte;
Entoas hinos a Phebus[2] →

---

2. Manteve-se nesta edição a grafia adotada na *princeps*, para preservar a rima; de *Phoebus*, nome latino do

E bailas, com Anacreonte,
No arabesco da ronda dos efebos.

Depois, em Mitilene, és o único homem
Nessa ilha extravagante das mulheres.
Lá os epitalâmios que proferes,
Entre ruídos de crótalos e taças,
Sobem no ar e se consomem;
Despertam novos desejos,
E consegues possuir para os teus beijos
A própria Safo numa noite – e passas.

Vais a Roma, no vértice do Império,
Onde a predileção do césar te conforta.
Dão-te em Tíbur estâncias e domínios;
Vais a Capri na corte de Tibério;
Instalas teu palácio no Aventino;
Tens eunucos etíopes à porta
E liteiras de estofo damasquino.
És a alma delirante dos triclínios;
Exortas os circenses sobre vícios;
Cantas no banho azul das cortesãs cesáreas;
És íntimo nos tálamos patrícios,
Onde os teus versos sacros e profanos
São guardados nas urnas legendárias,
Em custosos papiros africanos.

---

deus do Sol, Apolo, cuja forma atualizada em português seria "Febo" – mas que tem aparecido em edições recentes da ode leoniana como "Fébus" (grafia que nem é correta nem permite a rima).

Mais tarde, já na idade alexandrina,
De novo, a terra helênica conquistas,
E, poeta irônico e brando,
No tom fresco e loução dos idilistas,
Passas cantando
As canções que Teócrito te ensina.

Revejo-te, depois, indiferentemente,
Em Córdoba, em Bagdá, quase em segredo,
No teu destino ideal de citaredo:
Cantor do califado, entre os tesouros
Do Islamismo e os mistérios do Oriente.
Dormes no harém real e vais às guerras.
Continuando de seres, entre os mouros,
O mesmo de outro tempo em outras terras.

Na Germânia feudal encontras nas distâncias
Um bando de harmonias que comunguem
Com o teu coração de poeta heleno.
Murmura-te no ouvido, em ressonâncias,
A legenda pagã dos *Niebelungen*.
És todo o amor das castelãs do Reno
E a tua voz de *Minnesinger* se ergue
Ora veemente e funda, ora em trêmulos suaves:
Com Tannhäuser visita Venusberg
E canta nos castelos dos margraves.

Mais adiante,
Renasces na Florença azul da "Senhoria".
Florença eleva na canção dos sinos
A sua alma de Vênus e Maria.
É um sonho de amor nos Apeninos.
A cidade das flores e dos poetas, →

Das paixões elegantes e discretas,
Das fontes, dos jardins e das duquesas,
Das obras-primas e das sutilezas.
É todo um povo amável que se anima
E que a amar e a sorrir, da alvorada ao sol posto,
Faz da Vida uma obra-prima
De sensibilidade e de bom gosto...

Há guirlandas votivas
De acantos e de louros pelas ruas!
O Grande Pã voltou! As formas vivas,
Da Grécia, emergem, fúlgidas e nuas!
Nas casas senhoriais e nas vilas burguesas,
Toda a gente, animada de surpresas,
Aprende o homérico idioma,
Entretém-se de Erasmo e de Boccaccio,
De humanistas e letrados,
E dos últimos mármores achados
Sob a poeira católica de Roma.

Nos belvederes do Arno andam as grandes
                              [damas:
Smeralda, Lucrezia, Simonetta,
Entre rosas, sorrisos e epigramas...
Botticelli olha o céu azul-violeta;
Lê-se Platão nos templos: e eu te vejo,
Sereno e lindo,
Diante do Ponte Vecchio, num cortejo,
Dizendo aos príncipes sonetos de ouro
E Lourenço de Médicis te ouvindo!

Compões ainda com teu gênio afoito,
Na forma antiga que se cristaliza, →

Certos versos do século dezoito,
Quando Watteau pintava, em plena primavera,
O *Embarque para Citera*
E Rousseau escrevia a *Nova Heloísa*.

Poeta cosmopolita, alma moderna,
Com Leconte e Banville, em Paris de setenta,
Buscas nas viagens teus motivos de arte,
Fazes o inverno em Nice e o verão em Lucerna
E a tua sombra cíclica se ostenta
Nos salões de Matilde Bonaparte.

*
* *

Na amplitude geral do teu abraço:
– Fora do Tempo e do Espaço,
Na Humanidade e no Mundo –
Vejo-te sempre presente
Onde há um homem que sente
Que a vida é um sentimento esplêndido e
                                [profundo!

As almas como a tua a quem nas fite
Transmitem a emoção da vida soberana[3].
Seja onde for se pode compreendê-las,
Porque, sem fim, sem pátria e sem limite,
Têm no conceito eterno da alma humana
A universalidade das estrelas. →

---

3. Restaura-se aqui a estrofação da edição *princeps*, que inclui estes dois últimos versos nesta estrofe e não na anterior (como tem ocorrido nas demais edições).

Se a Humanidade fosse feita delas,
Na dúvida em que não cabe
E em que se estreita,
Talvez não fosse mais feliz, quem sabe?
– Mas seria mais bela e mais perfeita...

Dignificaste a Espécie, na nobreza
Das grandes sensações de Harmonia e Beleza;
Disseste a Glória de viver, e, agora,
O teu eco a cantar pelos tempos em fora
Dirá aos homens que o melhor destino,
Que o sentido da Vida e o seu arcano,
É a imensa aspiração de ser divino,
No supremo prazer de ser humano!

DIÁRIO DO ESPÍRITO

FRAGMENTOS

NOTA[1]

ESTE CADERNO contém anotações de um pensamento nômade, que no seu trânsito entre as cousas quer achar uma soma de dados para uma obra mais geral e mais coordenada.

Esquisses de uma criação futura, registros de sensações – de idéias que nos visitam nas horas incautas e fogem.

Se um dia eu tiver a serenidade que espero, farei destas páginas de sugestão o que a terra faz das boas sementes.

---

1. Esta nota inicial foi transcrita do fac-símile publicado originalmente por Germano de Novais (in: *Raul de Leoni. Fisionomia do poeta*. Porto Alegre: ed. do autor, 1956, clichê entre as pp. 96 e 97).

DO JOGO[2]

TODA A VIDA humana nada mais é do que um jogo torturante e sutil, de cada instante.

O homem vivendo no mundo – cuja razão essencial lhe escapa, cuja lógica desconhece, cuja intenção não penetra, onde tudo é problemático e vago, desde as primeiras causas até os últimos fins – agita-se e passa sem certeza de nada, sombra cega da vida, movendo-se entre tudo pela simples simpatia das aparências, por perigosos cálculos da ilusão.

Não dispondo de nenhuma verdade, ele crê: e o que é a crença senão uma aposta arriscada com o desconhecido, em que se empenha todo o destino do espírito?[3]

Nada sabendo do que o espera na curva dos dias, ignorando tudo que ainda está para além das horas, o homem espera: na esperança do jogo, às vezes compromete o presente, e a esperança é apenas um palpite sobre o futuro...

Tudo que desejamos e fazemos depende muito menos de nós – jogadores das cousas – do que da surpresa das circunstâncias, que se combinam em tecidos caprichosos e efêmeros, com a mesma inconstância das cartas de jogar...

Viver é jogar, jogar sempre...

Por que amaldiçoam-se os que se entregam desvairadamente a esse outro jogo ingênuo que

---

2. Os fragmentos a partir deste até "A imaginação é a minha realidade superior..." foram reproduzidos de sua publicação original em *Autores e Livros*.

3. Trecho empastelado na publicação original.

se trava em torno do mistério dos números sobre o pano verde?

Não é lógico. Esse jogo é talvez uma das maneiras mais inocentes e graves do eterno jogo da existência humana. É uma forma lealíssima da luta entre a ambição e a esfinge.

É o comércio trágico da sorte – a profissão da dúvida, a indústria do Acaso.

AS ÚNICAS salvações do ridículo são o gênio e a tragédia...

PREFERIMOS sempre a filosofia do nosso temperamento... As filosofias são os diferentes climas do espírito.

PENSAMOS tanto em Deus... Que pensará Deus de nós?

IRONIA... IRONIA... Um sorriso constrangido da Dúvida: uma defesa da ignorância... Uma dignidade despeitada do pensamento; um pudor da Razão.

AFINAL, tudo que se disser sobre todas as cousas pode ser verdade...

A MEMÓRIA... jardim das sombras mortas... museu tristíssimo da alma.

CONTINUAI a pensar... Ninguém vos poderá assegurar que isso seja um esforço inútil...

NÃO PENSAR talvez fosse ainda pior.

A IMAGINAÇÃO é a minha realidade superior...

A CULTURA não educa, corrompe, quer dizer: desencanta[4].

NÃO CONFIAR na bondade instintiva, espontânea e animal, porque ela, pela sua natureza de instinto, é falível e variável. A outra, a que se alcança pela tortura do criticismo, que chamarei de bondade da Inteligência, sendo mais forte ante as surpresas do instinto, é menos precária – mas falta-lhe a vida, como a todas as cousas artificiais.

O MAIOR SINAL da decadência do homem aparece quando ele começa a viver a vida como recurso para o Pensamento. Sentir para pensar é cometer um ato contra a Natureza; o que não quer dizer que as idéias não sejam reminiscências de sensações mortas.

PARECE PARADOXO, mas o século XX será a idade de ouro da Igreja[5].

---

4. Este aforismo e os dois seguintes foram transcritos originalmente por Carlos Drummond de Andrade, em vista dos manuscritos originais, em seu artigo "Alma de origem ática, pagã..." In: *Correio da Manhã*, Rio de Janeiro, 17 de novembro de 1951.

5. Este aforismo e os catorze seguintes foram publicados pela primeira vez, em transcrições dos originais manuscritos, por Germano de Novais (*op. cit.*, pp. 64, 85, 126-7 e 160).

EM REGRA, as filosofias e as religiões começam na Vida. O Cristianismo começa na Morte.

NADA É INÚTIL. Tudo traz em si uma menor ou maior soma de revelação.

TODA MENTIRA é uma verdade que não soube encontrar a sua ocasião.

A ALMA dos egoístas é concêntrica.

O AMOR é a maior força de identificação do homem com o Mundo.

É NA RELIGIÃO do silêncio que o homem ouve a palavra dos deuses e das horas.

O NOSSO TEMPO sofre da idiossincrasia dos dogmas.

AS COUSAS HUMANAS acontecem entre o estômago e o cérebro, na sua aliança indissolúvel.

MAS O CORAÇÃO é o cofre que conserva todo o perfume da vida sentimental. Devemos crer no coração, para não confessar que as obras-primas da alma e as delicadezas da vida afetiva são simples função do prosaísmo das funções gastronervosas.

A IRONIA, se não é a mais razoável de todas as filosofias, é pelo menos a mais cômoda, a mais elegante e a menos ridícula.

Há os artistas e os que fazem arte.
Há os peixes e os que sabem nadar.

Chopin é o sentimento do som; Wagner é a inteligência do som. Chopin ouviu as fontes, exprimiu os outonos, fez a elegia dos lírios e contou a lenda longínqua e triste das estrelas. Wagner reproduziu a orquestração dos elementos. Wagner é divino e Chopin é humano.

Velho Anatole France, demônio piedoso de pensamento moderno, malabarista sutil das cousas humanas e divinas, ainda hei de ver-te na beatitude de uma tarde de outono, branquinho e risonho, as flores de São Francisco de Assis sob os olhos mansos, caminhando pelas planícies azuis, errando pela Legenda Dourada rumo à Cidade de Deus.

Todo homem de espírito é um imperialista. As aristocracias da Inteligência são as únicas legítimas e naturais, e as únicas que não calam; as outras são mais ou menos questão de ouro.

APÊNDICE 1
FRAGMENTOS

— *Apêndice 1* —

Desalento por todo este Abandono...[1]
Chopin, num dia assim, foi que, por certo,
Compôs o lacrimal Noturno nono...

---

1. Citado por Agrippino Grieco em *Autores e Livros*; seria um dos tercetos de um soneto à moda de António Nobre.

A minha mocidade refloresce[1],
Tal como uma videira em sangue aberta,
Na véspera sagrada da Vindima...

---

1. Citado por A. Grieco (*ibidem*); pertenceria a um poema em sextilhas intitulado "Por esse grande amor".

— Apêndice 1 —

Aqui tudo é virtuoso e feliz sem saber...[1]
Felicidade ideal, virtude imensa...
Essa Felicidade que não pensa,
Essa Virtude que nem sabe ler...

---

1. Quadra citada por A. Grieco (*ibidem*), ao que parece escrita nos últimos dias de vida do poeta.

Tua alma é tão leve, tua alma é tão fina[1]
Alma em perfume – alma em surdina
Que essência fluida, e que graça recolhida
Tua alma passa tão de leve sobre a Vida...

---

1. Versos encontrados por Carlos Drummond de Andrade ("Alma de origem ática, pagã..." In: *Correio da Manhã, cit.*); aparecem entre as anotações do autor sob o título "Assuntos para poemas".

Apêndice 1

Arte antiga, arte moderna[1]
Querelas de sofistas, brincadeiras
Arte é uma só, quando é verdadeira,
É sempre eterna.

---

1. Versos também encontrados por Drummond (*ibidem*) entre os "Assuntos para poemas"; ao final, no manuscrito, acrescenta-se: "ou (é apenas... eterna)"; outros "assuntos" transcritos por Drummond são: "Os três principais cavaleiros das *Mil e uma noites* (apólogo)"; "Que é a luz, que forma tem o vento (diálogo)"; "Alma, estado divino da matéria" (verso final de "De um fantasma", dos "Últimos poemas").

Tudo passou... quase insensivelmente[1].
Tive o teu desengano, mas a ingrata
Impressão que deixaste transformou-se...
Lembro-te numa lembrança diferente,
Em que a tua alma errante se retrata,
Não como foi, mas como eu quis que fosse.

---

1. Versos citados por Drummond (*ibidem*); o manuscrito original pertence à Coleção Carlos Drummond de Andrade, do Arquivo-Museu de Literatura Brasileira, da Fundação Casa de Rui Barbosa; estão escritos numa tira estreita de papel pautado, com a assinatura do autor e a data de 1918; parecem o desfecho de um poema – podem ser os tercetos de um soneto cujos quartetos constassem da parte superior da mesma folha, perdida; ou talvez seja a estrofe final do poema em sextilhas "Por esse grande amor", citado por A. Grieco.

Apêndice 1

O NAZARENO voltou à Terra, depois de quatro séculos de Cristianismo. Era uma noite de luar; desceu sobre uma colina da Ática, visitou Atenas e, pelo braço de um filósofo, viajou nessa noite toda a Grécia, que ele ignorava. Surpreendeu todos os quadros de sua vida, desde a idade centauresca até a decadência. Bebeu a ambrosia, dialogou com os filósofos, foi a Cerbos, Elêusis, Éfeso, Corinto etc. Depois, voltando a Atenas, subiu à Acrópole e, na esplanada do Panteão, diante das estátuas olímpicas, pediu perdão aos deuses, de sua filosofia[1].

---

1. Argumento para uma novela que não chegou a ser escrita; transcrito do original por Carlos Drummond de Andrade (*ibidem*).

# APÊNDICE 2

ELEGIA PARA RAUL DE LEONI

ELEGIA PARA RAUL DE LEONI EM TRIESTE

Rui Ribeiro Couto

Entardece. Entre o mar e os Alpes Julianos,
Pelas encostas os arrabaldes do porto
São o fundo rural dos telhados urbanos.
Por que te sinto aqui, Raul?
Por que dentro de mim estás ágil e vivo?
Eu sei. Além do cais começa a "curva azul
De um golfo pensativo",
Como sonhavas tu na "Ode a um poeta morto".

Ó conversas de dois amigos de vinte anos,
Noites inteiras, até a hora em que amanhece,
Nós por Petrópolis friorenta e adormecida
A dizer versos em voz alta, a fazer planos,
Viagens futuras, capitais européias – a vida,
A vida com a mão repleta de presentes,
A vida toda para vivermos, oferecida
Aos nossos olhos incontentáveis de
                    [adolescentes! →

(Numa praça pequenina
– Raul, te lembras dela? –
Alguém ouvia, na neblina.
Era Fagundes Varela.)

Saudosa cidade de serra acima,
Com seus chalés do tempo do Imperador,
Os salgueiros-chorões, o silêncio, o bom clima
(Precisávamos dele) e o rio entre hortênsias em
[flor.

Nossa infância, porém, foi mar – praias felizes,
Tu da de Icaraí, eu da de Guarujá –
E amávamos de amor nunca visto países
Que estão sempre a chamar, querem que a
[gente vá.

Caiu a noite sobre Trieste.
Acenderam-se ao longe os fogos da montanha.
Já de barcos de pesca o golfo se ilumina.
Sinto-me só no cais.
Não, Raul, não vieste,
Nem aqui te verei jamais.

Mas estás vivo lá, junto do Piabanha.
Como outrora, passas as noites ao relento
Os teus olhos andam perdidos na neblina
E o murmúrio do rio é tua voz no vento.

DOCUMENTAÇÃO E ICONOGRAFIA

NOTA: As imagens de números 4, 5, 8, 9, 10, 18, 19 e 21 foram cedidas pela Academia Petropolitana de Poesia Raul de Leoni e reproduzidas por César Duarte.

1. Página de rosto da plaquete *Ode a um poeta morto* [Rio de Janeiro: Jacinto Ribeiro dos Santos, 1919; exemplar pertencente à Biblioteca da Fundação Casa de Rui Barbosa].

2. Página de rosto da primeira edição de *Luz mediterrânea* [Rio de Janeiro: Jacinto Ribeiro dos Santos, 1922; exemplar pertencente à Biblioteca da Fundação Casa de Rui Barbosa].

3. Capa da plaquete *Eugenia* [Rio de Janeiro: Philobiblion, 1955; exemplar pertencente à Biblioteca da Fundação Casa de Rui Barbosa]; artesanalmente impressa por Manuel Segalá, autor das ilustrações, por encomenda do livreiro Carlos Ribeiro, como brinde para o Natal de 1955.

4. A família de Raul de Leoni em princípios do século XX. De pé, da esquerda para a direita: *Sir* Arthur Ludlow Perry (cunhado), Pedro (irmão) e o Dr. Carolino de Leoni Ramos (pai). Sentados: D. Maria Augusta (irmã), D. Augusta (mãe) e o futuro poeta.

5. O Dr. Leoni Ramos.

6. O Dr. Leoni Ramos, chefe de polícia do Distrito Federal, em caricatura de J. Carlos na capa da revista *Careta* de 28 de agosto de 1909.

DR. LEONI RAMOS — o libertador do bicho.

7. Autógrafos de Raul de Leoni, Olavo Bilac e Leôncio Correia, nas páginas de um álbum pertencente ao Arquivo-Museu de Literatura Brasileira, da Casa de Rui Barbosa. Presume-se que pertenceu à família Leoni Ramos. A maioria dos demais autógrafos está datada de 3 e 4 de dezembro de 1915. Note-se que o de Raul de Leoni contém trechos do soneto "Exortação" e o de Bilac é o desfecho do famoso "A um poeta".

8. Raul de Leoni com a beca de bacharel formado pela Faculdade de Direito do Distrito Federal (Rio de Janeiro) em 1916.

9. Raul de Leoni em 1918, vestindo a farda de diplomata do Itamaraty. Lê-se na dedicatória: "A meus pais, sem adjetivos, que não diriam quase nada. Raul. Rio, 8-5-18."

10. A casa da família na Praia de Icaraí, nº 185, em Niterói, capital do Estado do Rio de Janeiro.

NOTAS DIPLOMATICAS

O Dr. Raul de Leoni, recentemente nomeado official de gabinete do Sr. Ministro das Relações Exteriores. E' um espirito brilhante e culto A nossa photographia representa o joven diplomata e poeta com a farda de atirador.

FON-FON NO PALACIO DO INGÁ — Estado do Rio

Officiaes de gabinete do Sr. Presidente do E. do Rio Dr. Nilo Peçanha, com excepção do Dr. Nelson Ribeiro de Castro que se achava, por occasião da nossa visita, no interior do Estado. Da esquerda para a direita estão os Srs. Drs. Creso Braga, Raul de Leoni Ramos e Leopoldo Teixeira Leite Filho, officiaes de gabinete da Presidencia do Estado e em pé o Sr. Capitão Santos Abreu, Ajudante de ordens de S. Ex. o Sr. Presidente.

11, 12 e 13. O poeta nas páginas da revista *Fon-fon*. Na edição de setembro de 1916 (sentado, ao centro), aparece entre outros assessores do presidente do Estado do Rio, Nilo Peçanha. Em 23 de março de 1918, Peçanha já é o ministro das Relações Exteriores; noticia-se a nomeação do poeta (na foto, com farda de atirador) para o cargo de oficial de gabinete do Itamaraty. E em 27 de dezembro de 1919 figura entre outros colaboradores da revista (pela ordem: o poeta Ronald de Carvalho, o jornalista Mário Studart e Raul de Leoni).

MINISTRO DAS RAÇÕES EXTERIORES *Rio - 26. 9 - 19*

Dr. Nilo,

Ahi vai o nosso grande amigo e conterraneo Falcão. Como sabe, elle acaba de chegar da Baforão, onde teve occasião de prestar ao Paiz os mais notaveis serviços, na defeza dos interesses brazileiros, conforme consta de documentos existentes nesta Secretaria — A sua acção intelligente e equilibrada valeu-lhe um admiravel conceito nesta casa.

Ouso pedir-lhe agora, mais uma vez, a sua attenção para este amigo, que, por todos os titulos, merece a sua protecção. Elle conversará com o Sr.

Lembranças affectuosas a D. Annita.
Do amigo e *[assinatura]*

14. Bilhete de apresentação enviado por Raul de Leoni a Nilo Peçanha, então presidente do Estado do Rio de Janeiro, em favor do amigo Ildefonso Falcão, poeta e diplomata. Documento do acervo do Arquivo Histórico do Museu da República (Coleção Nilo Peçanha, Correspondência, abril de 1919 a dezembro de 1921, lata 25).

15. Visita de Nilo Peçanha à Escola Normal de Niterói, em fins de 1921, durante campanha eleitoral à Presidência da República. Raul de Leoni aparece entre os membros da comitiva do político, na escadaria. Fotografia do acervo do Arquivo Histórico do Museu da República (Coleção Nilo Peçanha, Reação Republicana: 137 fotos avulsas, nº 105).

16. Fim de semana na fazenda de Nilo Peçanha em Itaipava. Raul de Leoni aparece no automóvel (sentado, à direita). Fotografia do acervo do Arquivo Histórico do Museu da República (Coleção Nilo Peçanha, Fotografias, Fazenda de Itaipava, s/nº).

17. Fotografia de casamento, com os noivos Ruth Soares de Gouveia e Raul de Leoni Ramos, em 8 de abril de 1921. Da cobertura fotográfica publicada na revista *Fon-fon* em 16 de abril de 1921, sob o título "Enlace Leoni-Gouveia".

18. Luciano Raul, único filho do poeta, nascido em 28 de julho de 1925 e morto pouco mais de quatro anos depois.

19. A viúva de Raul de Leoni, D. Ruth de Leoni Ramos.

20. Raul de Leoni e seu cão, em fotografia provavelmente tirada em Itaipava, já nos tempos de sua doença.

21. "Vila Serena", a casa onde o poeta morreu, em Itaipava, na Estrada União Indústria, nº 14.210.

22. O túmulo do poeta em Petrópolis. A lápide traz a seguinte inscrição: "A Raul de Leoni, 'Semeador de Harmonia e de Beleza', com a grande saudade dos seus amigos." Foto de Sérgio Alcides.

23. Cabeça de Raul de Leoni em bronze, em Petrópolis, junto à cerca do Museu Imperial, na Praça dos Expedicionários; monumento doado à cidade pelo livreiro Carlos Ribeiro e inaugurado em 1975. Foto de Sérgio Alcides.

24. Manuscrito autógrafo na abertura dos originais inacabados do *Diário do espírito*. Reproduzido em Germano de Novais. *Raul de Leoni. Fisionomia do poeta*. Porto Alegre: ed. do autor, 1956.

25. Manuscrito autógrafo com o fragmento final de um poema que se perdeu. Pertencente ao acervo do Arquivo-Museu de Literatura Brasileira, da Fundação Casa de Rui Barbosa (Coleção Carlos Drummond de Andrade).

Duas histórias...

— Era uma dia um pastor ingenuo...
— Sim, todos os pastores são ingenuos...
— Que n'uma noite azul quiz contar as estrellas
— Quantas foram porque as estrellas são tantas?
— Não! Elle comprehendeu a innocente loucura
Não aventurou a conta...
Viu que em torno de cada estrella que contasse
Surgiam mais de mil que nunca tinha visto...
De quem primeiro sabe neste mundo
Que a conta das estrellas não tem conta...

— Pois foi um dia um doido muito triste...?
— Todos os doidos são muito tristes...
Quiz contar as razões de seus rancores
Quantas são as razões que contou?
— Não! Elle comprehendeu a innocente loucura.
~~A pouco procurou~~ Buscar vendo-a ~~até contar~~
~~Foi quem primeiro soube neste mundo~~
Que quem ~~procura~~ se a contar as razões
~~Buscar razões não foi dado~~
~~A pouco por~~ ~~cada uma por tantas~~
As que multiplicar os duvidosos querer

[assinatura]

1923

26. Manuscrito autógrafo do poema "Duas histórias", publicado em fac-símile em *Autores e Livros* 15, suplemento literário de *A Manhã*, Rio de Janeiro, 23 de novembro de 1941, p. 309.

Impressão e acabamento
Cromosete
GRÁFICA E EDITORA LTDA.
Rua Uhland, 307 - Vila Ema
Cep: 03283-000 - São Paulo - SP
Tel/Fax: 011 6104-1176